# NACIDO SALVAJE

## LOS ORÍGENES DEL FÚTBOL

**ÁLVARO RAMÍREZ**

Nacido Salvaje: los orígenes del fútbol / Álvaro Ramírez- 1a edición
LIBROFUTBOL.com, 2022.

184 páginas; 15,2 x 22,9 cm.

ISBN 978-987-8370-97-2

1. Fútbol.
CDD 796.33409

**Nacido Salvaje: los orígenes del fútbol**
de Álvaro Ramírez

| Cubierta: Luciano Medvetkin | Foto del autor: © Álvaro Ramírez |
|---|---|
| © 2022– Álvaro Ramírez<br>© 2022– LIBROFUTBOL.com | Todos los derechos reservados |



| ISBN 978-987-8370-97-2 | 1ª edición: septiembre 2022 |
|---|---|

ediciones@librofutbol.com

+54 9 11 2215 1982

librofutbol

Olga Cossettini 1112 - oficina 8F - Ciudad de Buenos Aires - Argentina

A mis padres, por todo.


A mi hermano, con el que

comparto pasión, pero no equipo.


A los pioneros del fútbol, donde quiera

que estén. No saben lo que hicieron.

El tipo puede cambiar de todo.

De cara, de casa, de familia, de novia, de religión, de dios.

Pero hay una cosa que no puede cambiar, Benjamín.

No puede cambiar de pasión.

**El secreto de sus ojos**

(Juan José Campanella, 2009)

# CONTENIDO

# PRÓLOGO
# SEIS LIBRAS

En el 81-82 de Long Acre, en Londres, se encuentra el Freemason's Arms. Local que guarda en sus paredes recuerdos de un tiempo y un país erigido en patria del fútbol: unas cuantas fotos, una pelota y primitivas botas para que el peregrino balompédico se empape de un minúsculo trozo de historia mientras ordena una pinta de cerveza al módico precio de seis libras.

Lo cierto es que todo ocurrió en el 61-65 de la Great Queen Street, el lugar donde se ubicaba la Freemason's Tavern original, un edificio demolido en 1909 para dejar paso al Hotel Grand Connaught Rooms. El mítico *pub* fue primero sede de la Gran Logia de Inglaterra, que en 1769 decidió instalarse en la zona, y más tarde abrió sus puertas a encuentros del Club Político Económico, la Sociedad Anti-Esclavista o la Sociedad Bíblica Británica y Extranjera. Incluso se atrevió a albergar obras de teatro y conciertos.

La historia suele colocar el principio de todo en la famosa reunión que tuvo lugar entre sus paredes, cuando un puñado de representantes de clubes de la capital se dieron cita con el objetivo de dar forma a un órgano de gobierno para el fútbol y asentar un código de reglas común que pusiese fin al caos normativo. Pero la popular cita en la Freemason's tan solo fue una de las paradas en el largo y tortuoso camino del fútbol en su transformación de tradición popular caótica y violenta a deporte de masas organizado y reglado. De hecho, la asamblea que dio lugar a la Football Association ni siquiera fue la revolución que se esperaba en un primer momento.

Desde su llegada a tierras inglesas, el juego de pelota pasó del festejo popular de lugares como Ashbourne, al destierro que lo tuvo a un paso de la extinción. De su supervivencia tras los muros de las *public schools*, a los primeros encuentros para fijar unas normas bajo el techo de las prestigiosas universidades de Oxford y Cambridge. Evolucionó entre los aristócratas de Londres y los hombres de negocios de Sheffield. Se abrió paso entre el humo de tabaco de la taberna de Great Queen Street e infectó a otros *pubs*, a las iglesias y a los lugares de trabajo. Llenó las horas de ocio de la élite y se afianzó entre la clase trabajadora del país, de Newcastle a Plymouth. Y así, tras un largo trayecto plagado de indecisiones e improvisación, se despertó un día siendo profesional, llenando estadios de hinchas enfervorizados y teniendo en sus manos organizadas competiciones de copa y liga mientras se expandía por el mundo.

El fútbol es hoy un fenómeno global al alcance de cualquiera que pueda hacerse con un balón. Esa podría ser perfectamente una definición. Un deporte convertido en práctica cultural universal, cuyo alcance supera cualquier expectativa imaginable. Un deporte que abrazó sociedades enteras y vivió sus grandes transformaciones mientras también evolucionaba. Un deporte que rompió barreras geográficas, instalándose y desarrollándose incluso en esas zonas donde otras prácticas le habían ganado la batalla. El opio del pueblo, una religión, una vía de escape, fuente de paz y de conflictos, de amor y de odio, de alegría y de tristeza. Un generador de imágenes imborrables en el imaginario popular. El Maracanazo, la mano de Dios, el penalti fallado de Roberto Baggio en Pasadena, el cabezazo de Zidane a Materazzi en la final del Mundial de 2006. También el accidente de Múnich que se llevó la vida de ocho jugadores del Manchester United, la tragedia de Superga que puso fin a *Il Grande Torino*, el incendio de Valley Parade o el pánico y la muerte en las gradas de Heysel y Hillsborough. Una constante montaña rusa para el estado de ánimo. La locura del ascenso de categoría de un humilde, el batacazo histórico de un gigante, gritar un gol a pleno pulmón o clamar al cielo porque ha sido anulado por fuera de juego. Pasión desmedida en cualquier rincón. Anfield cantando el *You'll Never Walk Alone*, tifos rivalizando en originalidad en Italia, el ruido ensordecedor de la grada en un Boca-River o en el derbi de Glasgow, pero también los ultras, las barras bravas, la espiral de violencia interminable de los *hooligans*. Algo más importante que la vida y la muerte, parafraseando a Bill Shankly.

Más de 3500 millones de personas siguieron el Mundial de 2018 celebrado en Rusia. Con los números en la mano del total de la población mundial, el dato de audiencia nos indica que eso es mucha gente. Demasiada. Una cifra estratosférica que habla del poder de unión que atesora un deporte que se juega en cualquier parte del planeta con las mismas reglas. Lo más probable es que los aristócratas que utilizaron el fútbol como pasatiempo hace más de 170 años no fuesen conscientes de lo que estaba por venir. Asentado como la mejor alternativa de ocio en la Inglaterra Victoriana, y el arma perfecta para combatir los vicios de la incipiente sociedad capitalista, el deporte que conocemos hoy en día aún no tenía los mimbres suficientes para convertirse en rey, aunque ya había dado los primeros y más importantes pasos en su proceso de maduración.

# CAPÍTULO 1
# ORIGEN

Gran Bretaña fue uno de los muchos lugares del mundo en el que se practicaron los juegos de pelota que hoy hemos terminado por relacionar con nuestro concepto de fútbol, en esa búsqueda incesante de unos orígenes para una práctica tan universal. A lo largo de la historia, de China a Mesoamérica, la gente se ha reunido alrededor de un objeto esférico para golpearlo con los pies o llevarlo con las manos en diferentes modalidades de juego, con componentes militares, religiosos o simplemente lúdicos.

Desde finales del siglo III a. C. se practicó en China el denominado *cuju*. El objetivo era pasarse con los pies una pelota de cuero rellena de plumas y pelo enrollado, y hacerla entrar en una pequeña red situada a unos diez metros de altura, atada entre dos varas de bambú separadas por 30 centímetros. La popularidad del *cuju* llevó a que surgiesen variantes como el *zhu qiu* y el *bai da,* que formaron parte de la cultura urbana del ocio y el entretenimiento y que acabaron siendo practicadas por profesionales.

En el siglo VI d. C., derivado del juego chino, surgió en Japón el *kemari*. Disputado en una pista de 15 metros de longitud llamada *kikutsubo*[1], dos equipos de entre ocho y seis jugadores (denominados *mariashi*) debían impedir que una pelota hecha con cuero de ciervo y rellena de serrín tocase el suelo con la ayuda de los pies y mediante pases entre los participantes. Como ocurrió en Gran Bretaña, el *kemari* fue en sus primeros días un juego de aristócratas y se extendió después a todas las clases sociales.

En México, Honduras o Guatemala los juegos de pelota tuvieron un fuerte componente religioso y una gran influencia popular, apareciendo en libros tan relevantes como el *Popul Vuh*, conocido como *El libro sagrado de los mayas*. Modalidades como el *pok-ta-puh* o *ulama*, que se continúan practicando en Sinaloa, Michoacán o Guerrero, siguen estando consideradas como los juegos de pelota más antiguos del mundo.

Ya en Europa, una de las variantes más conocidas apareció en Francia bajo el nombre de *soule* y ocupó el mismo lugar en la cultura popular que el fútbol en Gran Bretaña. Hay incluso quien lo considera su pariente más cercano. Del mismo modo, el Calcio Fiorentino en Italia, cuya celebración sigue atrayendo a un buen número de turistas, fijó los hábitos lúdicos del país en el siglo XVI.

No sabemos con exactitud cuándo aterrizó el juego de pelota en las Islas Británicas. Algunos historiadores consideran que los romanos introdujeron su *harpastum* durante la época de la ocupación[2] y que de ahí derivó el brutal entretenimiento que se practicó en territorio británico desde el siglo XII. El *harpastum*, variación del *episkyros* griego, era un juego de carácter militar practicado por los legionarios en un rectángulo limitado por cuerdas en el que había que llevar el balón de un extremo a otro utilizando las manos y los pies. Dado que su

---

1   El terreno de juego estaba delimitado por cuatro árboles plantados en cada esquina (cerezo, arce, sauce y pino) y que representaban a las cuatro estaciones del año.

2   La ocupación romana de Britania se inició en el año 43 y se completó en el 84 d. C.

objetivo era el entrenamiento de los soldados, la violencia era su principal característica.

El folclore tradicional habla de la expulsión de los romanos por parte del pueblo desarmado en Derventio, hoy Little Chester, a base de empujones. Una victoria muy celebrada y que se recordó cada año reproduciéndose a modo de obra teatral[3], el punto de partida de lo que luego fue el juego de pelota en algunas zonas de Inglaterra. También se cuentan tradiciones nupciales en las que los familiares del matrimonio se enfrentaban por una pelota para conseguir un premio económico recolectado en la iglesia.

Por supuesto hay leyendas locales sobre el origen del fútbol mucho más jugosas: en zonas como Kingston upon Thames, el mito sitúa el principio de todo en un juego anglosajón celebrado con la cabeza decapitada de un príncipe danés al que se había derrotado.

Sea como fuere, la travesía del fútbol para llegar a ser el fenómeno global que hoy conocemos comienza mucho antes de que un grupo de caballeros ingleses se reuniese en un popular local de Londres, entre pintas y humo de tabaco, a discutir sobre leyes. Arranca en un tiempo en el que todo era más salvaje. Un tiempo de barro y caos, de guerra y pobreza, de reyes y nobles, de terratenientes y vasallos. Unos días en los que Inglaterra ponía las primeras piedras de lo que sería su vasto Imperio mientras un objeto esférico hecho de vejiga de cerdo y piel de ciervo volvía locos a sus habitantes.

---

3   Alcock, Charles W. *Football: Our Winter Game* (Field Office, 1874).

# CAPÍTULO 2
# AL PRINCIPIO FUE EL CAOS

Nicholas de Farndone afrontaba el segundo de sus cuatro mandatos como Lord Alcalde de Londres sin saber que acabaría entrando en las páginas de la historia del fútbol gracias a un trozo de papel. Por aquel entonces, la Inglaterra de Eduardo II, que accedió al trono en 1307 tras la muerte de su hermano mayor, hacía frente a la rebelión escocesa encabezada por Robert Bruce, a la falta de dinero en las arcas y a la gran hambruna. En las calles, las autoridades locales intentaban poner freno a los torneos de lucha con cuchillos, dagas y espadas[4], y habían comenzado a recibir numerosas quejas por un juego de pelota al que denominaban *foteball* con cierta popularidad a lo largo y ancho del país.

Aquel juego gozaba de una tremenda facilidad para alterar el orden público. El caos que dejaba a su paso era bien conocido en Manchester, donde la polémica estuvo relacionada con las ventanas. El tumulto que se reunía en la calle alrededor del balón dejaba demasiados cristales rotos y provocaba la ira de los vecinos.

No obstante, aquellos desperfectos eran la consecuencia más inocente de una actividad lúdica cuya mala reputación

---

4    Birley, Derek. *Sport and the Making of Britain* (Manchester University Press, 1993).

aumentaba conforme cargaba a sus espaldas un buen número de heridos y, ocasionalmente, algún muerto₅.

El caos que acompañaba al *foteball* parecía escapar a cualquier tipo de control, pero no por ello se dejó de intentar. Cuando en Londres, al igual que en Manchester, se incrementaron las quejas vecinales por las roturas de ventanas y por el estorbo provocado en el buen funcionamiento de los negocios, se tomaron cartas en el asunto.

Así fue como a Nicholas de Farndone no le tembló el pulso a la hora de redactar la primera ordenanza contra el fútbol el 13 de abril de 1314. En nombre de Eduardo II se leía en el edicto:

> "Mientras el rey nuestro señor marcha al país de Escocia en su gran guerra contra los enemigos, nos encomienda con especial cuidado que mantengamos escrupulosamente la paz [...] y como hubiere gran alboroto [...] causado por cierto tumulto provocado por jugar al fútbol en la vía pública [...] decidimos y prohibimos, en nombre del rey y bajo pena de prisión, que dichos juegos sean practicados de ahora en adelante en la ciudad".

Aquella fue la primera de una serie de tentativas de controlar, restringir y prohibir el fútbol cuyo efecto no fue el deseado. Al edicto de Nicholas de Farndone le siguieron el decreto de 1365 y las órdenes de 1388, 1409 y 1414, todas ellas emitidas por la corona. El ataque al *foteball* por daños contra la propiedad se dio primero en Manchester, donde se redactó la primera de las cinco órdenes publicadas en la ciudad entre 1608 y 1667₆. No más cristales rotos.

En Escocia el juego tampoco contó con la aprobación de Jacobo I, como dejó clara la redacción de la Football Act de

---

5    Hay algunos casos notables. El Domingo de Trinidad de 1280, Henry de Ellington falleció tras clavarse el cuchillo de un adversario en una disputa por el balón. En 1303, en el transcurso de un partido, un estudiante de Salisbury fue asesinado por unos compañeros.

6    Morris, Terry. *Vain Games of No Value?: A Social History of Association Football in Britain During Its First Long Century* (AuthorHouse, 2016).

1424. Jacobo II, su hijo, no solo se encargó de prohibir el fútbol, sino que también arremetió contra el golf [7].

Ninguna de aquellas normativas consiguió su objetivo. Aunque las sanciones económicas fueron elevadas y en algunas zonas la pena por patear un balón implicó la cárcel, el pueblo quería fútbol. A pesar de los intentos de la corona de fomentar otras actividades como la arquería, fundamental para la defensa de Inglaterra, el pueblo quería fútbol. Pese a las prohibiciones, aquel juego caótico y violento continuó ganando popularidad y se extendió por cada rincón del país, hasta que no quedó ciudad que no disfrutase del placer de golpear un balón.

Al denominado *foteball* lo conocemos hoy como fútbol medieval [8], una tradición masiva y violenta, perseguida y mirada con recelo durante mucho tiempo y considerada hasta la Revolución Industrial como un entretenimiento para plebeyos, aunque en realidad todas las clases disfrutaron en algún momento del caótico placer de pelear por un balón. El *mob football* contó con el patrocinio y la permisividad de las clases altas y se convirtió en una costumbre fijada en festividades como el Martes de Carnaval [9], Navidad o Año Nuevo, fechas señaladas en el calendario que dejaban vía libre al exceso y en las que las convenciones sociales desaparecían durante 24 horas.

Como espectáculo, el juego enloquecía a los locales y dejaba perplejos a los visitantes que se acercaban a curiosear. En palabras de un observador francés que acudió a Derby al tradicional día del fútbol medieval: "si los ingleses llaman a esto jugar, es imposible saber a qué llamarán luchar".

---

7    Acts of Parliament of Scotland, 6 de marzo de 1457, 6 de mayo de 1471 y 18 de mayo de 1491. National Library of Scotland.

8    En inglés folk football o mob football.

9    El Martes de Carnaval o Shrove Tuesday precede al Miércoles de Ceniza y es el inicio del período de la Cuaresma. De ahí que al juego de pelota se le denomine en ocasiones como Shrovetide football o fútbol de carnaval.

Aunque contaron con unas características comunes, las condiciones locales específicas hicieron que surgiesen diferentes formas de entender el juego. Por lo general, los encuentros reunían a una gran cantidad de participantes. Cerca de 1000 personas se amontonaban en Ashbourne y eran alrededor de 300 las que se reunían en Alnwick, por citar dos ejemplos. El objetivo en la mayoría de juegos consistía en llevar una pelota, de distinto tamaño y material según la zona, a un punto concreto de un amplio terreno de juego. Para ello se podían utilizar los pies y las manos, y las reglas, cuando existían, eran pocas y muy simples.

La mayoría de estos juegos estaban totalmente arraigados a finales del siglo XIV, aunque bien es cierto que la antigüedad de muchos de ellos es difícil de establecer. Las primeras referencias en Duns datan del año 1686 y en Workington de 1774, mientras que en Cornualles los primeros documentos sobre un juego de pelota se originan en el 1594. En zonas como Haxey, en Lincolnshire, y Atherstone, en Warwickshire, la tradición sería aún más antigua, remontándose al año 1190.

Uno de los juegos de pelota más populares es el que tiene lugar en Ashbourne. En esta pequeña localidad del condado de Derbyshire sigue celebrándose anualmente el denominado Royal Shrovetide Football, el mejor ejemplo de fútbol medieval que podemos encontrar hoy en día. El juego, que ha estado cerca de desaparecer en varias ocasiones a lo largo de su historia, adquirió la categoría de "Real" en 1928, gracias a Eduardo VIII, un gran fanático de la tradición.

El partido implica prácticamente a toda la ciudad y se disputa el Martes de Carnaval y el Miércoles de Ceniza de 14:00 a 22:00. El objetivo es bien sencillo. No hay límite de participantes y entran en la disputa dos equipos: los *Up'Ards*, que son los nacidos al norte del río Henmore, y los *Down'Ards*, nacidos al sur. Los primeros tienen que lograr llevar el balón a Sturston Mill, situado al este, y los segundos deben alcanzar

Clifton Mill, en el oeste. Entre ambas "porterías" hay aproximadamente cinco kilómetros y se suma un punto golpeando con el balón tres veces en la piedra de molino levantada en cada lugar.

El juego de Ashbourne se viene celebrando al menos desde el año 1667, aunque su origen exacto es difícil de determinar después de que en 1890 un incendio arrasara las oficinas del Royal Shrovetide Committee y con ellas sus archivos. Es fácil imaginar el caos que se organiza cada año una vez que el *turner-up*[10] pone el balón en juego y lo que esa sensación de anarquía provocaba en los participantes de las diferentes modalidades del fútbol medieval.

La tradición tuvo un componente social que en ocasiones lo transformó en el escenario perfecto para solucionar disputas entre vecinos y aliviar tensiones. Por supuesto, fue el ingrediente necesario para acrecentar rivalidades entre pueblos y condados, una enemistad que se perpetuaría con el paso del tiempo, y se convirtió en la mejor excusa para la insurrección y las revueltas[11].

La aristocracia no tuvo ningún problema a la hora de alinearse a favor del fútbol, aun cuando suponía algún que otro conato de revolución. No hizo caso a las prohibiciones ni a los continuados ataques contra la tradición que llevaron a cabo panfletistas más o menos relevantes como Philip Stubbs, encargados de arremeter contra cualquier costumbre de la época. Las clases altas sabían entonces que el fútbol era el opio perfecto para el pueblo y por ello actuaban con cierto carácter paternalista. Permitieron su práctica y lo jugaron. No fue-

---

10 La figura del turner-up es la encargada de poner en juego el balón. Llegada la hora del partido, la persona en cuestión se sube a un pedestal y es rodeado por la multitud, que espera a que lance la pelota al aire. Algunos turner-up relevantes a lo largo de la historia del Royal Shrovetide han sido Eduardo VIII o el mítico entrenador Brian Clough.

11 Hay varios ejemplos al respecto. En 1480 en Bethersden, Kent, un grupo de agricultores pactó un partido que tuvo como objetivo atacar unos cercamientos de tierras. Algo similar ocurrió en 1638 en el condado de Ely, donde el encuentro anual de fútbol de carnaval supuso el inicio del asalto contra unas represas. Ya en 1768, Holland Fen llegó a vivir hasta tres motines disfrazados de partido en los que participaron más de 200 hombres y mujeres.

ron los únicos. A pesar de la animadversión mostrada a través de los años, *el foteball* también caló en la realeza. El caso más sonado es el de Enrique VIII. La académica Maria Hayward, de la Universidad de Southampton, identificó un particular calzado en el inventario de ropas del monarca realizado tras su muerte en 1547, que fue declarado como el primer par de botas de fútbol de la historia[12].

Por desgracia para el *mob football*, la actitud de aristócratas y nobles se transformó a comienzos del siglo XIX y su permisividad con respecto al juego pasó a mejor vida. El progreso no fue un buen amigo de la tradición y el juego de pelota vagó durante mucho tiempo incapaz de quitarse la etiqueta de anacrónico. Fue castigado por la indiferencia de la aristocracia y el ninguneo de la clase media, y paseó peligrosamente hacia el abismo de la extinción en mitad de una época de cambios sociales, políticos y económicos en la que los británicos de buena posición encontraron el placer en otro tipo de espectáculos.

---

12  Coughlan, Sean. "Henry VIII wore football boots", BBC News Online (17 de febrero de 2004).

# CAPÍTULO 3
# VIENTOS DE CAMBIO

La máquina de vapor llegó en 1769 para quedarse. El artilugio, patentado gracias a un préstamo por el escocés James Watt, resultó ser uno de los más importantes de la historia. Sobre todo cuando él y su socio Matthew Boulton introdujeron una serie de mejoras y consiguieron que tuviese la potencia suficiente como para mover maquinaria pesada.

El aparato de Watt marcó el inicio de la Revolución Industrial, un relevante periodo de cambio de la historia contemporánea que se extendió hasta 1840. Durante ese tiempo, el Reino Unido estuvo inmerso en una espectacular transformación que lo colocó a la cabeza de todos los países del mundo. Fue un proceso en el que el sistema de fábricas sustituyó al taller artesanal y en el que el sector textil se erigió en gran pionero, se desarrolló la industria siderúrgica y los transportes, con el ferrocarril a la cabeza, se convirtieron en el principal motor del crecimiento industrial.

El progreso, en el sentido más amplio de la palabra, hirió de muerte al fútbol. En mitad de la fiebre industrial, la clase alta le dio la espalda al *mob football* que promocionó durante años. Tuvo de su lado a la nueva burguesía capitalista, una masa heterogénea que ganó terreno en la vieja estructura

haciendo valer la riqueza y el patrimonio por encima de la sangre, el valor que asentó a la élite inglesa formada por la nobleza y los aristócratas con nombres rimbombantes.

La capa superior del Tercer Estado se benefició del sistema de la monarquía parlamentaria instaurado en Inglaterra. El régimen habilitaba al Parlamento a ejercer el poder legislativo mientras limitaba el poder regio, cosa que, con el tiempo, hemos aceptado que es sinónimo de asamblea de representantes del pueblo. En la práctica, la existencia del Parlamento sirvió a la burguesía inglesa para legislar a favor de sus intereses económicos cuando pasó a tener el control de la Cámara de los Comunes. Y a partir de ahí fue imparable.

La nueva clase social estuvo dispuesta desde un principio a ceñirse al refinamiento y las buenas maneras que ya imperaban en la sociedad, y que fueron después seña de identidad de la era Victoriana. Para encajar a la perfección en aquel estricto código de conducta, apoyar al fútbol no era algo que se pudieran permitir. Los días de turbas enfervorizadas peleando por un balón estaban contados.

Los nuevos empresarios industriales y hombres de negocios venidos a más vieron en el juego de pelota a un enemigo contra la disciplina laboral. Sus primeras quejas hicieron hincapié en el impacto económico negativo que conllevaba cerrar los diferentes establecimientos durante la celebración de los partidos. Aunque todavía quedaron quienes defendieron las tradiciones locales, la mayoría fueron firmes defensores de sacrificarlas en beneficio de los cambios económicos y sociales que se avecinaban. Y cada vez tuvieron más armas a su disposición. La creación de las fuerzas policiales locales a finales de la década de 1820, o la promulgación de la Highway Act de 1835 que, entre otras cosas, prohibió la práctica del fútbol en la vía pública con penas económicas de hasta 40 chelines, fueron fundamentales para reprimir los juegos tradicionales en zonas como Chester-le-Street, en Durham.

El *mob football* se encontró también con la oposición de las clases sociales más bajas, el estrato de donde salía la amplia mayoría de sus jugadores. Muchas de las voces contrarias al fútbol tradicional surgieron en el seno del protestantismo y de ciertos sectores del cartismo, que creían en otro tipo de pasatiempos más sofisticados para el desarrollo de la clase obrera.

La revolución agraria que vivió Inglaterra con más intensidad a finales del siglo XVIII tampoco ayudó demasiado. Su punto clave fue la política de cercamientos. El *Enclosure Movement* permitió la generalización de nuevos sistemas de cultivo y la incorporación de avances técnicos, pero, sobre todo, conllevó la progresiva concentración de la tierra en grandes propiedades.

La política consintió el cercamiento de las tierras agrícolas siempre y cuando se pudiese acreditar la propiedad de las mismas. Los campesinos, que durante generaciones hicieron uso de los *commons* o terrenos comunales, no poseían tal acreditación. Es más, si poseían parcelas privadas, de cuya propiedad sí podían dar cuenta, el desembolso económico que conllevaba el cercamiento escapaba a sus manos. Eso hizo que tuviesen que vender sus propiedades. Al mismo tiempo, con el consentimiento de las distintas autoridades, las clases altas se hicieron con títulos de propiedad supuestamente hereditarios que dejaron en su poder lo que un día fueron terrenos comunales.

Con la expansión de la política de cercamientos se decidió declarar al balón enemigo público número uno contra los intereses económicos de los nuevos ricos. Conforme creció el *Enclosure Movement*, el *mob football* se quedó casi sin terrenos para su práctica.

De todos los momentos que pusieron al fútbol contra la cuerdas, el caso más paradigmático es el que se vivió en

Derby en 1846. Lo que pudo ser una jornada de *Shrovetide football* como otra cualquiera necesitó de la intervención de las milicias para restaurar el orden, y sirvió como punto de inflexión en la batalla contra el fútbol cuando este perdió definitivamente el favor de la clase que de una u otra manera permitió su existencia como tradición.

Entonces, un hombre llamado Henry Allen fue el principal instigador de lo que se consideró una revuelta en forma de partido de fútbol y que tenía todas las papeletas para fracasar. A pesar de que el consejo municipal advirtió los días previos de que usaría todos los medios a su alcance para evitar la celebración del partido del *Shrove Tuesday*, de que se empapelase la ciudad con carteles y de que se repartiesen cientos de folletos advirtiendo a los habitantes de las consecuencias de participar en el juego de pelota, Henry Allen lanzó el balón a la multitud a la hora habitual, provocando el caos festivo de todos los años.

Una vez que las milicias lograron controlar la situación, Allen y un buen número de participantes fueron arrestados y llevados a juicio. Con todo, el jurado creyó que aplicarles como castigo una multa económica era más que suficiente. Pero lo que derivó de aquella jornada dejó muy claras las intenciones con respecto al *mob football*: Henry Allen y el resto de acusados sirvieron de ejemplo para escenificar que el juego de pelota quedaba terminantemente prohibido. Como llegó a publicar el periódico *Derby Mercury*, aquel deporte suponía "un vestigio de la época de los bárbaros y una vergüenza para la sociedad civilizada".

# CAPÍTULO 4
# SUPERVIVENCIA

El juego de pelota sucumbió antes o después en numerosas zonas rurales donde tuvo una longeva y arraigada tradición. En algunos lugares, como en Dorking, hicieron falta muchos años de enfrentamientos entre jugadores y policía local, pero finalmente sucedió. En otros, como en las zonas cercanas de Cheam, Epson o Ewell, la rápida conversión de pequeños pueblos a elegantes villas dormitorio para londinenses supuso su eliminación inmediata. El célebre juego de Alnwick[13] perdió parte de su magia cuando el Duque de Northumberland decidió cambiar su ubicación y sacarlo fuera del pueblo. Sujeto a la prohibición o al control, el fútbol sucumbió definitivamente a lo largo de las zonas de Middlesex y Surrey. En la década de 1840, el *mob football* se esfumó del calendario de eventos en Kingston upon Thames, Richmond y Hampton Wick. Tiempos duros para la tradición.

El fútbol en las zonas urbanas no corrió mejor suerte. Allí la alta sociedad inglesa concentró su pasión en el críquet, el

---

13 Al tradicional partido de Alnwick se le conoce como Scoring the Hales y se sigue celebrando hoy en día. El primer encuentro del que se tiene conocimiento se disputó en 1762. En el juego se enfrentan las parroquias de St. Michael y St. Paul, y se dan cita alrededor de 300 participantes. El objetivo es llevar el balón a la portería correspondiente, separada de la otra por 400 yardas, y anotar dos goles (hales).

boxeo y las carreras de caballos, disciplinas que sacaron jugo a su atractivo una vez desarrollados sus códigos de reglas.

El críquet fijó sus normas en 1787, tras la creación del Marylebone Cricket Club, todavía en activo y considerado uno de los clubes más influyentes e importantes del mundo. Unos años antes, en 1743, el boxeo dio luz verde a su primera codificación de reglas denominadas Reglas de Broughton[14], nacidas de la necesidad de proteger a los boxeadores en el cuadrilátero. Del mismo modo, la normativa para las carreras de caballos apareció en 1750 tras la formación del Jockey Club, que tenía como misión controlar los eventos de Newmarket, el hipódromo más prestigioso de la época.

El desarrollo normativo permitió el asentamiento de competiciones y el patrocinio de la aristocracia, que no dudó en poner su dinero al servicio de aquellos deportes. La relación económica entre miembros de la clase alta y el boxeo posibilitó la aparición de una casta de púgiles profesionales a partir de mediados del siglo XVIII. Guillermo Augusto de Cumberland, hijo pequeño del rey Jorge II, fue uno de los principales patrocinadores del boxeador Jack Broughton. Se cuenta que perdió el interés en el luchador después de que su derrota contra Jack Slack en 1750 le hiciese perder más de £10 000. También dejaron mucho dinero en el boxeo el Duque de York o el Príncipe de Gales. En la década de 1780 sus fincas sirvieron de escenario para numerosos combates en los que llegaron a apostar cifras que superaban las £40 000.

Algo similar ocurrió en las carreras de caballos. La normativa y la llegada de los pura sangre árabes asentaron las competiciones regulares y los eventos anuales en el país, que contaron con el empujón económico que les dio el amor de la aristocracia por las apuestas y por la belleza de los corceles.

---

14  Las reglas se desarrollaron gracias a Jack Broughton, boxeador inglés que emitió siete normas por las que debía regirse el pabellón del que era propietario. Su código dio lugar a las London Prize Ring Rules, que tuvieron vigencia hasta 1867, momento en el que se establecen las Reglas de Queensberry.

No obstante, alejado del caos, el fútbol encontró la manera de hacerse un hueco en pequeños eventos que solían reunir a equipos de entre diez y veinte hombres. Nada comparado con el tumulto del *mob football*, aunque su violencia era muy similar. Aquellos encuentros tenían su base en el denominado *camping*, una tradición muy asentada en Norfolk y Suffolk al menos desde el siglo XVI y cuyo terreno de juego estaba perfectamente limitado.

De esta manera podían encontrarse en la prensa anuncios sobre partidos que dejan una clara imagen del tipo de fútbol que se practicaba. Por ejemplo, en diciembre de 1841 se celebró un encuentro en Bolton entre 20 vecinos de la ciudad y 20 de los mejores hombres del Rifle Regiment, con una participación de £10. Por un premio de una botella de vino y una cena, en octubre de 1842 se preparó un seis contra seis entre caballeros de Bickenhill y Hampton, y en abril de 1852 los equipos de Holmfirth y Enderby, de doce jugadores, se citaron en el Hyde Park de Sheffield al mejor de tres partidos.

Más allá de los límites del terreno de juego y del número de participantes, estos encuentros desarrollaron un cierto gusto por las normas. Bien es cierto que fueron muy improvisadas y que es difícil de establecer un patrón de las mismas, pero en la mayoría de ellos existían negociaciones previas para que el partido se desarrollase en las mejores condiciones. Lo más habitual era establecer que el duelo iba para el equipo que marcase primero tres goles. También solía pactarse la duración del encuentro. En ese aspecto, los eventos podían durar dos, cuatro u ocho horas.

Otra de las características de este tipo de fútbol superviviente es que contó desde un primer momento con el patronazgo de los *pubs*[15]. En muchos de los casos, este tipo de establecimientos sirvió como base comunitaria de la que los

---

15    Pub es la abreviatura para el término public house, un establecimiento donde se sirven bebidas alcohólicas.

equipos tomaron su identidad. En ocasiones, el *pub* servía de centro de operaciones en el que se celebraban las reuniones, se negociaban las reglas para el partido, se depositaban las participaciones y se hacían las apuestas. Algunos locales continuaron siendo parte inseparable de la cultura futbolística de su zona. Hay numerosos casos a lo largo de la historia. El *Hole in the Wall* en Blackburn, abierto desde 1841, fue después la sede del mítico Blackburn Olympic, *The Rising Sun* sirvió de lugar de fundación del Chelsea FC, y el *Napier Arms* fue el sitio del cual surgió el New Brompton, más tarde Gillingham FC. Hasta la Football Association nació entre las cuatro paredes de un *pub*.

No obstante, este tipo de fútbol seguía siendo demasiado improvisado, sin equipos formales y sin un órgano representativo de control. Su naturaleza casi anárquica y su todavía inherente violencia hacían de él un deporte sin ningún tipo de interés para la clase a la que debía interesar.

Jugado principalmente por miembros de la clase trabajadora, su aliciente varió con el paso de los años. Del puro entretenimiento pasó a los premios por la victoria. Se otorgaron cenas, botellas de vino, cerdos y gallinas. Pero lo que de verdad hacía correr a los jugadores era el dinero. La cantidad más habitual que movía este tipo de encuentros era de £5, aunque hubo eventos que llegaron a las £50. Todo demasiado vulgar.

Perdida la conexión con la clase media, su bajo estatus social, cada vez más acentuado, y su nula organización no lo convertían precisamente en un deporte en el cual invertir desorbitadas cantidades de dinero. Adiós al interés de la aristocracia. Adiós a su patrocinio. El fútbol estaba a años luz del críquet, el boxeo o las carreras de caballos. Por primera vez, el juego debía encontrar un lugar donde evolucionar hacia un deporte más formal. Y fue a encontrar su sitio en las escuelas.

# CAPÍTULO 5
# TRAS LOS MUROS DE LAS ESCUELAS

Transformadas en bastiones de la élite para educar a sus hijos, las *public schools* se convirtieron en unas instituciones edificadas en la mística, cuya única misión era ejercer de puente entre la adolescencia y el mundo de cambios que esperaba a la descendencia de los dueños del Imperio. Fue el lugar al que los aristócratas decidieron enviar a sus vástagos para que se relacionasen con sus iguales.

El mapa tradicional de las *public schools* se compone de siete instituciones de prestigio: Charterhouse, Winchester, Eton, Harrow, Westminster, Rugby y Shrewsbury, las casas de *Carthusians, Wykehamists, Etonians, Harrovians, Westminsters, Rugbeians y Salopians*16.

A pesar de su actual y probada reputación, el panorama entonces estaba muy alejado del orden y las buenas maneras.

---

16  Charterhouse se encuentra en Goldaming, al sudeste de Inglaterra, y fue fundada en 1611 por Thomas Sutton. El Winchester College se edificó en 1382 en Winchester, en el condado de Hampshire, por orden de William Wykeham, obispo de Winchester y canciller de reyes, de ahí que a sus alumnos se les conozca como Wykehamists. El Eton College está cerca de Windsor, en el condado de Berkshire, y fue fundada en 1440 por el rey Enrique VI. Londres cuenta con la Harrow School, fundada en 1572, y la Westminster School, que abrió sus puertas por orden de Enrique VIII. La Rugby School, fundada en 1567, se encuentra en la ciudad de Rugby, en Warwickshire, y en Shrewsbury, perteneciente a Shropshire, se encuentra la Shrewsbury School, levantada en 1552 por el rey Eduardo VI.

Los docentes y directores (*headmasters*) no tenían el control. La indisciplina fue una de las señas de identidad de las *public schools* gracias a unos alumnos que no estaban dispuestos a recibir órdenes de unos hombres a los que consideraban socialmente inferiores. Aquella anomalía en la jerarquía se extendió a la relación entre los alumnos. Los muchachos veteranos ampliaron su dominio sobre el resto de estudiantes, lo que estableció una brecha insuperable entre los jóvenes.

Al frecuente acoso físico sobre los recién llegados, algo que fue más allá de inocentes peleas, se unió toda una red de servidumbre que abarcaba desde las sencillas tareas del día a día a prácticas sexuales. Los antiguos alumnos crearon un particular harén con muchachos con las mejores características físicas. A estos se les asignaba un nombre de mujer y actuaban como prostitutas dispuestas a satisfacer en cualquier momento sus deseos, lo que generó que se acumulasen los casos de abusos[17].

En aquel submundo perverso de relaciones sexuales no consentidas existieron también las de mutuo acuerdo. Algunos jóvenes compartían cama y aplacaban sus necesidades con la masturbación mutua y otras prácticas menos habituales, liberando a uno de los fantasmas más temidos de la época: la homosexualidad.

Por supuesto, los intentos de restaurar el antiguo orden acabaron mal. A la sonora revuelta de Eton en 1768, iniciada porque no se reconoció el derecho a castigar debidamente a los muchachos de primer año, le siguieron las sublevaciones de 1771 y 1808 en Harrow, el levantamiento en 1808 en Charterhouse, las revueltas en Rugby entre 1786 y 1822, en las que se tomaron prisioneros y tuvo que intervenir la milicia armada, o los conflictos de 1818 en Shrewsbury. Por su parte, el Winchester College vivió cinco rebeliones de notable impor-

---

17 Turner, David. *The Old Boys: The Decline and Rise of the Public School* (Yale University Press, 2015).

tancia entre 1770 y 1818, la primera de ellas por el desacuerdo en las raciones de cerveza[18].

El fútbol floreció en aquel caldeado ambiente y pronto fue el deporte favorito de los alumnos hasta el punto de acabar siendo clave en su rutina educativa. Su práctica estuvo influenciada por el *folk football*, ya que la mayoría de las *public schools* se localizan en zonas donde el juego de pelota tuvo una larga tradición. En la ciudad de Rugby, por ejemplo, se jugaba cada Año Nuevo desde principios de la década de 1700, por lo que no es de extrañar que la del condado de Warwickshire fuese la primera institución en adquirir grandes extensiones de terreno en 1816 para jugar al balón.

La influencia del juego tradicional hizo que el fútbol practicado en las escuelas no estuviese exento de violencia, por lo que algunas instituciones no vieron su llegada con buenos ojos. Samuel Butler, director de Shrewsbury entre 1798 y 1836, fue uno de sus más populares detractores, condenándolo en numerosas ocasiones alegando que era un juego más acorde para granjeros que para *gentlemen*.

El fútbol de las *public schools* fue una extensión de la estructura de poder creada entre veteranos y novatos. Aquella tendencia no cambió cuando se oficializó una desorbitada cantidad de dinero como mensualidad para poder acudir a las escuelas. Todos pagaban lo mismo, pero eso no los convertía en iguales tras sus muros.

En un principio no existían equipos con nombres y el juego era un simple pasatiempo que sirvió a la vez para simbolizar el poder y el prestigio del que gozaban una parte de los estudiantes. En ese aspecto, los novatos siempre llevaron las de perder. Principalmente eran utilizados para guardar las porterías o evitar que el balón se perdiese lejos. En el caso de

---

18  Patum, Callum. "Gunpowder plots and prefect revolutions", *Daily Mail* (6 de abril de 2015).

Winchester, filas de recién llegados servían para delimitar el terreno de juego.

Antes de que el fútbol alcanzase un estatus más formal, tuvieron que darse una serie de reformas que se pedían a gritos desde comienzos del siglo XIX y que se apoyaron en la filosofía del Cristianismo Musculoso. La doctrina, centrada en la creencia en el deber patriótico, la disciplina, el sacrificio, la virilidad y la belleza moral y física del atletismo, fue la base de una necesaria revolución en la enseñanza que dio el impulso necesario al fútbol en su tortuoso camino para convertirse en deporte de masas.

Una de las principales figuras del nuevo método fue Thomas Arnold. Hijo de una familia de clase media, historiador y miembro de la Iglesia Anglicana, defendió con firmeza la figura del liberal refinado, elegante, culto y religioso. Para un reformista como él, aquellas eran las características esenciales que debía llevar por bandera todo *gentleman*. Aplicadas al sistema educativo suponían moldear una conducta asentada en los valores religiosos, morales e intelectuales y una firme defensa de la enseñanza de la cultura clásica.

Arnold fue nombrado director de la Rugby School en 1828 y se erigió en figura principal del movimiento reformista educativo, comprendiendo a la perfección la línea maestra a seguir. Teniendo en cuenta la situación que vivían las *public schools*, entendió como prioritario que el cuerpo docente debía retomar el control y el poder antes de dar forma a un nuevo tipo de alumno.

El método de Thomas Arnold consistió en recuperar el equilibrio perdido con la implementación de una nueva jerarquía en la que los alumnos todavía conservaban cierta autonomía, pero que en última instancia, como siempre había sido, debían responder ante los profesores y el director. La escuela de Rugby creó una nueva terna de monitores (*pre-*

*fects*) con ciertos privilegios elegidos por el propio Arnold, en base a méritos académicos y morales. Al mismo tiempo se estableció un código de conducta cuyo incumplimiento conllevaba la pérdida de ventajas. De esta manera se redujeron los continuos abusos entre alumnos y, tras varias intentonas, se alcanzó una paz social que las escuelas hacía tiempo que habían olvidado. El método de Arnold funcionaba. Así fue como convirtió a la Rugby School en un modelo de institución a seguir y aumentó el número de alumnos de 250 a 360 durante el tiempo que estuvo al frente.

Simultáneamente, el Cristianismo Musculoso se ocupó, a través del deporte, de mitigar el problema del exceso de energía y el baile de hormonas. La mayoría de los reformistas creyó con firmeza en la actividad física como disciplina eficaz para mantener a los muchachos alejados de la masturbación y la homosexualidad, por lo que el deporte se convirtió con rapidez en el centro curricular de las *public schools*. Mientras que Thomas Arnold no tuvo ningún interés en la mayoría de aquellos juegos, especialmente el fútbol, muchos de los docentes que aceptaron sus ideas fueron unos entusiastas que llevaron el espíritu de la actividad física de escuela en escuela a lo largo de sus carreras.

Con la misma velocidad se creó un nuevo orden edificado a partir de las habilidades deportivas. Unas habilidades que midieron el éxito de los diferentes equipos que se crearon y el prestigio de las escuelas, demasiado preocupadas por su reputación más allá de sus muros. Las *public schools* fueron el lugar donde un fútbol, herido de muerte, encontró el camino para evolucionar a un deporte formal y más organizado, y donde se dieron los primeros pasos hacia una necesaria reglamentación. De manera involuntaria, las escuelas estaban introduciendo al fútbol en una nueva y desconocida dimensión.

# CAPÍTULO 6
# UNA CUESTIÓN DE CÓDIGOS

Tobillos ensangrentados, labios partidos, brazos rotos y alguna que otra herida alarmante en la cabeza eran parte habitual del día de partido en las enfermerías de las escuelas. La dureza del juego, notable en Charterhouse y Rugby, donde los chicos calzaban unas botas con punteras de hierro para hacer el *hacking*[19] mucho más efectivo, fue una de las señas de identidad del fútbol en las *public schools*, a la que no tardó en sumarse la competitividad una vez que llegaron las reformas y se formalizó el deporte como actividad rutinaria.

Pronto las escuelas comenzaron a establecer torneos internos, para lo que jugó a favor su organización en casas[20]. A partir de 1840, los habituales partidos jugados con el formato estilo "rubios contra morenos" dieron paso a encuentros más serios que se extendieron a escuelas menores como Riper, Worcester, Bristol, Dulwich College, St. Paul's, Merchant Taylor's School o el Cheltenham College.

---

19  El hacking era la acción mediante la cual se paraba a un contrario golpeando su espinilla.

20  El sistema de casas es una de las características de las escuelas en Inglaterra y que también se da en sus dos grandes universidades, Oxford y Cambridge. Cada casa sería un subgrupo dentro de la public school, donde se aloja a un número de alumnos cuando ingresan en la institución. Por lo general, suelen tener nombres de santos o antiguos alumnos famosos y se identifican con sus propios escudos y colores.

Aunque se celebraron, los partidos entre las principales escuelas de élite fueron menos habituales debido a su idiosincrasia y a su gusto por la exclusividad, una característica que tardaría en erradicarse. Cada escuela practicaba su propia versión del fútbol con sus respectivas reglas. Y eso era sagrado.

Diferente número de jugadores por equipo, distintas dimensiones del terreno de juego y, por supuesto, la permisividad con respecto al *hacking* o el uso de las manos, un debate que se mantuvo en el tiempo hasta la fundación de la Football Association, lastraron la manera de entender el deporte.

Charterhouse y Westminster desarrollaron un tipo de fútbol muy influenciado por el juego que se practicaba en el claustro de la escuela. Cuando se pasó a campo abierto, algunas de las constantes de aquella primitiva práctica se mantuvieron.

Disputaron sus partidos en terrenos de unos 100 metros de largo y 50 de ancho, donde el regate (*dribbling*) era la única habilidad que tenía salida. Lo habitual era ver equipos conformados por 11 jugadores en los que predominó el uso de los pies, aunque los *Wykehamists* permitieron correr con el balón en las manos hasta 1851.

Harrow supo hacer buen uso del Philathletic Club, fundado en febrero de 1853 y dirigido en sus primeros días por Charles Vaughan, *headmaster* de la institución. La asociación se encargó de velar por el buen uso de las normas y de otra serie de funciones como la de organizar los partidos entre casas (Harrow contaba con su particular torneo de *knockout* que más tarde influiría en la creación de la FA Cup) o recolectar el dinero para premios.

Los *Harrovians* fueron conocidos por su juego físico, disputado en un campo de unos 100 metros de largo y 50 de ancho, entre dos equipos de 11 jugadores, donde predominó el uso de los pies.

En Shrewsbury se permitió el uso de las manos únicamente para el denominado *fair catch*, la acción que habilitaba para agarrar el balón cuando caía, una vez que había sido golpeado por el contrario. Como ocurría en Harrow y Westminster, los *Salopians* no utilizaron el larguero y se sumaba un gol cuando el balón pasaba entre palos sin importar la altura[21]. Por su parte, los *Carthusians* usaron una cuerda para unir horizontalmente los dos postes por sus extremos superiores, por lo que, para que el gol subiese al marcador, la pelota debía pasar entre palos y por debajo del cordón.

En el Eton College se presume de haber jugado al fútbol desde 1747, aunque no hay referencias a este deporte en los archivos de la escuela hasta mediados del siglo XIX. Sí existe la certeza de que a partir de 1848 el fútbol le ganó terreno al hockey y al críquet como la actividad favorita de los alumnos, con unas reglas recopiladas un año antes. Los *Etonians* desarrollaron dos variantes de fútbol: el *Field Game* y el *Wall Game*. Centrémonos en el primero[22].

El *Field Game*, una curiosa mezcla de fútbol y rugby, apostó por equipos de 11 jugadores, dispuestos sobre un terreno de 120 yardas de largo y 80 de ancho, con unas porterías con dos postes verticales de algo más de tres metros de alto y metro y medio de separación, a los que se les añadió un larguero. El objetivo, claro, era llegar al campo contrario y marcar un gol. Existían dos formas de anotar: se otorgaban tres puntos cuando se metía el balón entre los tres palos, y un punto por

---

21 Para fomentar la competitividad, los Salopians organizaron un sistema de liga por un trofeo de plata en el que las diferentes casas presentaban un equipo A y otro B de 12 jugadores según grupos de edades.

22 Con el paso del tiempo el Field Game se impuso al Wall Game como juego favorito de los alumnos, porque era mucho más sencillo. En 1850 comenzó a otorgarse el título Cocks of College a la casa de Eton que conseguía vencer a todas las demás. Al prestigioso calificativo se añadió el trofeo Wayte Cup a partir de 1860.

un *rouge*[23]. En la búsqueda del gol, los jugadores avanzaban en una suerte de melé que fue conocida como *bully*.

Dos escuelas desarrollaron un tipo de fútbol en el que las manos fueron el elemento más significativo. Los alumnos del Winchester College popularizaron el denominado *Winkies*, en el que se podía patear el balón o correr con él en encuentros con 15 jugadores por equipo, en un terreno de 80 metros de largo. No obstante, el caso más curioso fue el de la Rugby School, protagonista principal del cisma que se vivió posteriormente en el denominado fútbol asociación. Y es que en una institución que pasó a la historia por utilizar las manos a la hora de jugar el balón, su uso estuvo prohibido hasta entrada la década de 1830[24].

El predominio de las manos sobre los pies en el juego de los *Rugbeians* le debe mucho al mito de William Webb Ellis, un alumno de la escuela que, según la leyenda, durante un partido en 1823 recogió el balón con las manos y corrió con él hacia la portería rival[25]. La historia, descartada por varios estudios, ha quedado ligada a los orígenes del rugby y fue promovida convenientemente por los defensores de esta manera de jugar cuando perdieron terreno con respecto al fútbol[26]. En efecto, el mito Webb Ellis tuvo lugar cuando el manejo del balón con las manos estaba estrictamente prohibido[27]. Aunque el uso de las manos se permitió con más asiduidad en

---

23  El rouge puede considerarse heredero directo del ensayo del rugby. Se lograba cuando un jugador apoyaba el balón detrás de la línea de meta del equipo rival o sobre ella.

24  Harvey, Adrian. *Football: The First Hundred Years* (Routledge, 2005).

25  McGowan, Phil. "William Webb Ellis: una revisión del mito", H: el rugby que se lee (24 de marzo de 2020).

26  Collins, Tony. *How Football Began: A Global History of How The World's Football Codes Were Born* (Routledge, 2019).

27  La investigación sobre el mito de Webb Ellis que llevó a cabo la Old Rugbeian Society en 1895 contó como testigos con Thomas y John Harris, dos antiguos alumnos que estuvieron en la escuela hasta 1832. Ambos aseguraron que el uso de las manos en el fútbol de la Rugby School estaba estrictamente prohibido. En la misma investigación se preguntó a Thomas Hughes, autor de la obra de referencia Tom Brown's Schooldays, sobre cómo era el juego en sus días como alumno entre 1834 y 1842. Hughes afirmó que en su primer año la prohibición del uso de las manos se había suavizado.

1841, los *Rugbeians* no lo vieron legalizado hasta 1846, cuando se revisaron las reglas escritas un año antes.

La variedad de códigos y formas de jugar propiciaron una situación de inmovilismo de la que parecía complicado salir. Cada escuela era fiel a sus reglas y consideraban su estilo la única manera legítima de practicar el fútbol. Eton defendió sus dos tradicionales modos sin dudar en repudiar los que se practicaban en Winchester o Rugby, a los que consideraban juegos de plebeyos, mientras que los *Rugbeians* señalaban al de los *Etonians* como afeminado[28]. Charterhouse y Harrow estimaron que su fútbol era más puro que el de Westminster, y en la mentalidad de los alumnos de la Shrewsbury School se grabó a fuego que su juego de pelota era la envidia del sucedáneo que disputaban *Carthusians, Harrovians y Wykehamists*.

Aquel modo de actuar limitó de forma considerable los enfrentamientos entre equipos de las diferentes escuelas de élite, aunque estos sí se llegaron a dar. Algunos de los partidos que nunca tuvieron lugar merecen ser reseñados para tener una idea del aire de exclusividad que se daban las *public schools*. En 1827 los *Wykehamists* lanzaron una propuesta al Eton College[29]. Los *Etonians* rechazaron el reto porque Winchester estipuló que ambos equipos debían vestir polainas altas y botas de barro. Inadmisible. Ya en 1866 Westminster declinó un partido contra Shrewsbury con una carta en la que decía no reconocerla como *public school*. Harrow contestó en 1870 de la manera más soberbia posible a la propuesta de un partido de la Mill Hill School: "Conocemos a Eton, conocemos a Rugby, pero ¿quiénes sois vosotros?"

En ese aspecto, las nuevas escuelas o las denominadas Grammar Schools fueron más abiertas. Muchas de ellas tuvieron un notable impacto en el desarrollo del fútbol organizado a nivel local.

---

28    Sanders, Richard. *Beastly Fury: The Strange Birth of British Football* (Bantam, 2009).
29    Harvey, Adrian. *Op. cit.*

Es difícil obviar la labor de la Leeds Grammar School (1851), Richmond Grammar School (1854), Bramham College (1855) o el Sheffield Collegiate School, fundado en 1835 y de un considerable impacto en la evolución del deporte en la ciudad. La Forest School, abierta en octubre de 1834, fue otra de las instituciones que jugó un importante papel en el desarrollo del fútbol moderno. Además, fue una de las más activas en cuanto a partidos interescolares se refiere, enfrentándose en repetidas ocasiones a los equipos de la Merchant Taylor's School, Brentwood o King's College.

Las *public schools* fueron el lugar donde el fútbol experimentó su primera gran efervescencia. Su principal aportación fue la de cambiar la actitud de la aristocracia con respecto al juego. Pero no fue suficiente. Necesitaba un paso más en su evolución para llegar a ser algo más que un cúmulo de códigos para jóvenes de clase alta, que parecía destinado al olvido tras los muros de las escuelas.

# CAPÍTULO 7
# OXBRIDGE

Los *Old Boys*, el nombre que reciben los antiguos alumnos de las *public schools*, notaron que algo no funcionaba a su llegada a la universidad. Oxford y Cambridge, los dos grandes bastiones de la educación superior inglesa, fueron una de las siguientes paradas en el camino formativo de los hijos de la aristocracia[30]. Las prestigiosas instituciones recibían cada año con los brazos abiertos a *Etonians, Harrovians, Carthusians, Salopians, Westminsters, Wykehamists, Rugbeians* y a otros tantos alumnos de escuelas menores.

Los *Old Boys* se unieron dentro de las universidades para formar equipos que perpetuasen su manera de entender el fútbol, lo que no tardó en ocasionar problemas. Era imposible una organización seria cuando cada conjunto jugaba con su propio código. Los primeros contactos conllevaban pactar unas normas previas al partido y, aunque por norma general se jugaba con las directrices que marcaba el equipo que ejer-

---

30  Oxford se estableció hacia el 1096 y es la segunda universidad más antigua del mundo. Dividida en 39 casas o colleges, la primera referencia al fútbol en la institución data de 1574. Por su parte, Cambridge se fundó en 1209 y está considerada la cuarta universidad más antigua del mundo. Está dividida en 31 casas (dos de las cuales, Murray Edwards y Newnham, admiten solo mujeres) y la primera referencia al fútbol se sitúa en 1555 en el St. John's College. La relación entre ambas universidades hizo que se popularizase el término Oxbridge.

cía de local, no era extraño que cada parte del encuentro se disputase con reglas diferentes.

Las primeras evidencias de formar un club de fútbol en representación de Cambridge y dar forma a un código de normas se establecen en 1838. Edgar William Montagu, antiguo alumno de Shrewsbury, que pasó por el Gonville and Caius College de la universidad entre 1837 y 1842, subrayó, en su correspondencia con el historiador George Fisher, que estuvo envuelto en un temprano intento de redactar unas reglas comunes.

Montagu, que mantuvo su historia en posteriores cartas, le señaló el 10 de junio de 1897 que él y otros seis alumnos de la escuela formaron un club y dieron forma a unas reglas que debían igualar el juego para todos[31]. Existió entonces una necesidad de reunir a los equipos formados bajo unas mismas directrices que simplificaran el juego y que favoreciesen un calendario de enfrentamientos más numeroso, debido a que hasta 1840 el fútbol se jugó de manera esporádica en la universidad. Al menos así lo contó en sus escritos Albert Pell, un antiguo alumno de la Rugby School que entró en el Trinity College en 1839 y que participó junto a Montagu en la formación del equipo del Cambridge University. Pell señaló que, a su llegada a la universidad, el fútbol era todavía un deporte desconocido para el que resultaba complicado encontrar a los jugadores suficientes para organizar un partido[32].

En la urgencia por convertir el fútbol en un deporte más accesible también entró la transformación o directamente la eliminación de algunas prácticas que no eran del gusto de muchos jugadores. En una carta fechada el 29 de noviembre de 1899, Lewis William Denman, contemporáneo de Montagu, ex-*Salopian* y estudiante en el Magdalene College, escribió:

---

31   Citado en Graham, Curry; Dunning, Eric. *Association Football: A Study in Figurational Sociology* (Routledge, 2015).

32   Roodt, Gerhard. *The DNA of Rugby Football: A Short History of the Origin of Rugby Football* (Partridge Africa, 2015)

"Recuerdo dos partidos de fútbol en mis tiempos en Cambridge. El primero fue uno que enfrentó a los equipos de Shrewsbury y Harrow contra Rugby y Westminster. No jugué en aquel, pero ganó el equipo de Shrewsbury y Harrow. En el segundo, en el que sí participé, no dejamos a Rugby (era un Rugby contra Shrewsbury) agarrar el balón con las manos".

Fueron otros dos antiguos estudiantes de Shrewsbury, Henry de Winton y John Charles Thring, quienes lideraron un nuevo intento de acordar un código en 1846. Ambos convencieron a varios alumnos de formar un club que representase a la universidad y se toparon con el mismo problema que recordó Lewis William Denman en su correspondencia. Thring, luego una figura relevante en el desarrollo del fútbol asociación, escribió que: "cuando intentamos introducir un juego común y formar un club respetable en Cambridge, el juego de Rugby resultó ser el gran obstáculo"[33].

El *handling*, como era conocida la acción de agarrar el balón con las manos, se consideró una práctica que entorpecía el desarrollo del fútbol universitario entre los que defendían el predominio del uso de los pies. El rechazo a jugar el balón con las manos no solo no cambió, sino que se agudizó con el paso del tiempo, hasta ser una de las principales diferencias entre el fútbol y el rugby en la década de 1860.

Ni las normas de Montagu ni las de Thring y Henry de Winter sobrevivieron al paso del tiempo, aunque no hay razón para pensar que estos tres protagonistas mintieran sobre sus propósitos y sus logros. Tampoco sobrevivió el código al que se dio forma en octubre de 1848 y, sin embargo, la historia del fútbol lo ha situado como el punto de partida sobre el que se desarrolló todo lo que vino posteriormente.

---

33  Thring, John Charles. "Football, Simple and Universal", *The Field 578* (28 de diciembre de 1861).

Uno de los presentes en aquel trascendental momento, Henry Charles Malden, alumno del Trinity College entre 1847 y 1851, rememoró en una carta escrita en 1897:

> "Éramos catorce. Harrow, Eton, Rugby, Winchester y Shrewsbury estaban representadas. Cada hombre trajo una copia de las reglas de su escuela o simplemente las sabía de memoria, y nuestro propósito de establecer unas nuevas normas fue lento. [...] Terminamos cinco minutos antes de la medianoche. Las nuevas reglas fueron impresas con el nombre de "Reglas de Cambridge" y se repartieron copias [...]"[34].

De aquella reunión salió la prohibición del *rouge*, el sistema de anotación habitual en Eton, y la permisividad con el *catching*, que dejaba al jugador atrapar el balón con las manos, pero que le obligaba a patearlo de inmediato en lugar de correr con él. También se estableció colocar una cuerda entre los extremos superiores de los postes a modo de larguero, lo que conllevó que para que el gol subiese al marcador, el balón debía pasar por debajo.

En efecto, las Reglas de Cambridge de 1848 y sus posteriores revisiones[35] fueron el primer paso en la creación de unas leyes universales para el fútbol. Pero no todo fue tan sencillo como publicarlas y reunir a las diferentes versiones del juego bajo su manto con un simple chasquido de dedos. La aceptación mayoritaria de un código común aún tardaría en llegar.

Ninguna de las *public schools* mostró el más mínimo interés por las Reglas de Cambridge. Pesó, sobre todo, una lar-

---

34 La carta la dio a conocer Charles William Alcock, otra figura fundamental en nuestro relato, quien la publicó en un artículo en el periódico *The Sportsman* el 8 de enero de 1898 bajo el título "Association Football: No. 1 – Its Origin".

35 El código de 1848 sufrió varias revisiones en los años posteriores a su redacción. Actualmente se conserva una copia del reglamento de 1856 en la Shrewsbury School, gracias al cual podemos hacernos una idea de las normas que regían en Cambridge. El documento cuenta con la firma de dos Etonians (H. Snow y J. C. Harkness), dos Rugbeians (J. Hales y E. Smith), dos Harrovians (W. H. Stone y W. J. Hope-Edwardes), dos Salopians (E. L. Horne y H. M. Luckock) y dos alumnos que firman en nombre de la Universidad de Cambridge (G. Perry y F. G. Sykes).

ga tradición de prejuicios y esnobismo. Un orden establecido arbitrariamente dejaba a Eton en lo más alto y relegaba a Shrewsbury y Rugby a la parte baja de una lista virtual de prestigio. La tela de araña de influencia propició incluso que, durante años, las instituciones no se reconociesen entre ellas. Por supuesto, el fútbol fue uno de los puntos clave en aquella encarnizada lucha de reputación.

La norma fue que las escuelas no aceptasen ningún cambio de reglas que implicase deferencia al código de cualquier otra institución. La singularidad y naturaleza única debía prevalecer como la principal esencia de cada una de las diferentes *public schools*. Era lo que les otorgaba mística y exclusividad y el deporte jugaba un papel fundamental. Si no aceptar un reglamento común implicaba seguir jugando partidos entre alumnos del propio centro o contra equipos de antiguos alumnos, así debía ser. Con esa mentalidad todo se volvió más complicado.

Sucedió que el código de Cambridge ni siquiera se utilizó con la esperada frecuencia en Cambridge. Tampoco tras los muros de Oxford. En líneas generales, permitió jugar entre ellos a los exalumnos de las escuelas en partidos disputados de forma esporádica. Pero cuando el fútbol ganó popularidad a partir de 1850 y aumentó el número de jugadores, los jóvenes de Oxbridge ya habían regresado a su particular gueto futbolístico.

El primer equipo de Old Etonians de Cambridge se formó en 1856, el Old Rugbeians en 1857 y el Old Harrovians en 1863. El patrón fue idéntico en Oxford, donde el equipo Old Etonians se organizó también alrededor de 1856 y poco después le siguieron las formaciones de ex- *Rugbeians* y *Harrovians*. Cada uno jugó bajo su propio código.

El paso adelante dado en 1848 fue en balde, porque apenas dos años después todo parecía indicar que aquella era una batalla perdida.

# CAPÍTULO 8
# UN JUEGO DE CABALLEROS

Cuando el fútbol regresó con fuerza a las calles con un puñado de nuevas reglas, la élite educada en las *public schools* y las universidades se erigió como la responsable de su *revival*. La progresiva organización de equipos afianzó la masculinidad del mundo concebido en la Inglaterra Victoriana. Como deporte, el fútbol era ideal para combatir los vicios de la rutina sedentaria impuesta por el nuevo capitalismo. Proporcionaba el descanso necesario de los deberes con la esposa y los hijos y su carácter físico desafiaba los miedos relacionados con la debilidad y el afeminamiento. Era la vía de escape para los *gentlemen*, que utilizaron el fútbol como su particular zona de recreo. Puro placer. Aquellos clubes tuvieron una característica fundamental: hundían sus raíces en las *public schools*, y después se alimentaron de la incipiente clase media deseosa de jugar al fútbol en su tiempo libre.

Londres fue un hervidero preso de un fenómeno imparable que se replicó en los Home Counties[36], en Sheffield y en un corto periodo de tiempo en toda Inglaterra. En la capital la referencia indiscutible la marcaron los hermanos Alcock,

---

36 Aunque no existe una definición concreta, los Homes Counties hacen referencia a los condados del Este y Sudeste de Inglaterra que rodean Londres. Incluyen Surrey, Kent, Essex, Middlesex, Hertfordshire, Buckinghamshire, Berkshire y Sussex.

artífices del modelo de equipo que dominaría la escena futbolística de la metrópolis a partir de finales de la década de 1850.

Notable delantero, excelente administrador y exitoso periodista, Charles William Alcock tuvo una brillante trayectoria dentro de la esfera futbolística y llevó una vida modélica fuera de ella[37]. Todo lo contrario que John, su hermano mayor. Aunque destacó en su faceta como deportista, su vida privada fue un pequeño caos que lo tuvo en el punto de mira de los guardianes de la moral victoriana.

Charles pasó toda su vida con la misma mujer, con la que tuvo ocho hijos. John se casó en 1867 con Catherine Rowse y se divorció a los seis años declarando que su mujer ejercía de prostituta cuando la conoció. El proceso de separación terminó con Catherine internada de por vida en un sanatorio mental y con John volviéndose a casar rondando los 50 años con una joven de 18.

Charles nunca tuvo interés en el negocio de su padre, bróker marítimo, pero John, a pesar de tener las suficientes cualidades para comenzar una aventura empresarial exitosa de mayor envergadura, no dudó en recoger el testigo de la firma familiar en cuanto tuvo la ocasión. Ya estaba todo hecho.

Lo único que unía a los hermanos era el fútbol. Educados en Harrow, donde aprendieron el arte del *dribbling* entre el barro y los ataques de piernas rivales, los Alcock parecieron tener claro desde la primera vez que tocaron un balón que al fútbol le esperaba un futuro prometedor. De esta manera fundaron en 1859 en Snaresbrook el Forest Football Club. El equipo se transformaría después en el mítico Wanderers, uno

---

37  Charles W. Alcock no solo fue un notable futbolista, sino que además ejerció de árbitro (pitó la final de FA Cup de 1875 entre Royal Engineers y Old Etonians, y la de 1879 entre Old Etonians y Clapham Rovers) y fue un reputado periodista responsable, entre otros escritos, de la publicación del Football Annual desde 1868 hasta su muerte en 1907.

de los más importantes en los primeros años de existencia de la FA Cup.

El núcleo del Forest FC lo conformaron antiguos alumnos de Harrow, con los Alcock a la cabeza, pero buena parte de los jugadores que se unieron tras su fundación, como G. H. Edmonds, D. J. Morgan, los cinco hermanos Cutbill o J. Robertson, pertenecían a la Forest School, una institución muchos menos prestigiosa que Harrow. A pesar de su componente ocioso, Charles Alcock admitió después que la idea tras la fundación del Forest era la de expandir y popularizar el fútbol. El proceso les permitió aumentar su círculo de amistades.

Uno de los primeros en acercarse a los Alcock fue Arthur Pember, un tipo de un exagerado bigote incluso para los cánones victorianos, que no había acudido ni a la escuela ni a la universidad y que era corredor de bolsa como su padre. Los hermanos contaron también con la simpatía de Ebenezer Cobb Morley, un joven de rostro serio nacido en Hull que se mudó a Londres en 1858 para trabajar como abogado. Pero sin duda, el hombre que se convirtió en una parte importante en la vida de los Alcock, sobre todo en la de Charles, fue Arthur Kinnaird. Hijo de Lord Kinnaird y educado en Cheam, Eton y el Trinity College de Cambridge, Arthur conoció a Charles en 1864 en un partido organizado por antiguos alumnos de Harrow contra la Westminster School al que fue invitado. Tenía entonces 17 años y aún no sabía lo que le quedaba por delante. En lo personal, fue nombrado director en 1870 del Ransom, Bouverie & Co., el banco familiar que años más tarde se transformó en el Barclays Bank tras una fusión. En lo deportivo, Kinnaird estaba muy cerca de convertirse en una de las figuras capitales de la historia del fútbol.

Los primeros enfrentamientos del Forest fueron contra el propio Forest. Tampoco había demasiada oferta donde elegir, aunque ya estuviese en pie el Blackheath, un año más antiguo que el equipo de los Alcock. Debieron esperar al menos dos años para pactar un partido contra otro equipo, el momento en el que el patrón comenzó a repetirse en otras partes de Londres.

El Civil Service se formó en 1862, el mismo año en el que al otro lado de Londres Ebenezer Cobb Morley fundó el Barnes Football Club, una asociación dirigida por un comité de siete personas, un Capitán, un secretario y un Tesorero, y que exigía una suscripción anual de un chelín. No obstante, permitió jugar a los no socios siempre y cuando fuesen amigos de los miembros y residiesen en Barnes. Un año antes se formaron el Richmond Football Club, uno de los pioneros del código de Rugby, y el Crystal Palace original[38], el equipo que viajó a Snaresbrook el 15 de marzo de 1862 para el primer partido del Forest.

La terna de equipos representativos del Londres de la época la completan el Crusaders (1863), el Upton Park (1866) y el No Names, formado en 1863 en el área de Kilburn por Arthur Pember. Aunque el futuro presidente de la FA no fue un hombre ligado a las *public schools*, el nexo de unión del equipo con las instituciones de enseñanza lo tuvo en sus tres hermanos, estudiantes de Harrow, Charterhouse y Westminster.

La estructura de estos clubes estaba a años luz de todo lo que vendría después, sobre todo si es a lealtad a lo que nos referimos. Aprovechando que no existía ningún tipo de ataduras, la mayoría de integrantes saltaban de un equipo a otro aceptando invitaciones para jugar o pagando tantas suscripciones como pudiesen permitirse. Arthur Kinnaird, por ejemplo, llegó a jugar para Wanderers, Crusaders, Civil Service, West Kent, Flying Dutchmen y Old Etonians. Por su

---

38  El Crystal Palace se fundó en 1861 y se disolvió en 1876. Todavía hoy no se han encontrado vínculos consistentes que indiquen que el Crystal Palace actual (formado en 1905) tenga algún tipo de relación con el original.

parte, Charles Alcock, eternamente ligado al Forest-Wanderers, pasó por el Upton Park, Harrow Pilgrims, Gitanos, Crystal Palace y Surrey. Por supuesto, estos equipos tampoco tenían una base de operaciones, es decir, carecían de un estadio o campo propio. Por regla general utilizaban cualquier espacio público acondicionado para la ocasión.

Alrededor de Londres pronto comenzaron a surgir un buen número de equipos en el que los *gentlemen* también tuvieron un importante peso. Fue el caso del club establecido en Hitchin en 1865 por John Pardoe, un reconocido *Harrovian*. En la misma zona, el Hertfordshire Rangers, fundado en 1865, también gozó de unos años de prestigio hasta su caída en desgracia en 1882.

En Kent, el West Kent FC, organizado por un grupo de *Old Rugbeians* en 1867, tuvo sus buenos días de gloria. Aunque la referencia futbolística en la zona correspondió al Royal Engineers, el equipo liderado por el Mayor Francis Marindin, que posteriormente presidió la Football Association. Los oficiales del regimiento militar de los Royal Engineers, asentado en Chatham desde 1812, venían practicando el fútbol al menos desde 1842. No es extraño que decidiesen formalizar su pasión con la creación de un club de fútbol que, entonces, se salía de los cánones que había establecido la metrópolis. Evidentemente, todos sus integrantes eran militares y la existencia del Royal Engineers abrió la veda para la formación de otros equipos con raíces castrenses, entre los que destacaron el 1st Surrey Rifles, 21st Essex Rifle Volunteers o el 1st Buckinghamshire Rifle Volunteers.

Fue en los Home Counties donde comenzaron a desarrollarse clubes más duraderos, con otro tipo de infraestructura, apoyados en una élite diferente y que pronto se asociaron con la comunidad local en la que nacieron. Muchos tuvieron en sus comienzos a alguna figura representativa que había pasado por el fútbol de Londres o se relacionó de al-

guna manera con la élite que se encargó de darle forma, el tipo de personalidad necesaria para dar el empujón de prestigio a clubes que después reclutaron a jóvenes jugadores locales salidos de las Grammar Schools y que necesitaron del patronazgo de hombres de negocios y políticos para su crecimiento.

Uno de los equipos más representativos en este sentido lo encontramos en Suffolk con la formación del Ipswich Association Football Club. Compuesto en sus primeros días por un puñado de jóvenes dedicados a trabajos en la iglesia o a la banca y la contabilidad, la mayoría pasó por la Ipswich School. Transformado después en Ipswich Town, el club contó con el patronazgo de Thomas Clement Cobbold, un miembro del parlamento educado en Charterhouse, con los suficientes vínculos con el fútbol londinense como para acabar convertido en presidente del Ipswich y tomar la delantera a otros clubes surgidos en la ciudad, como el Ipswich Rangers o el Ipswich Harriers.

Otros tantos equipos siguieron esta estructura. El Windsor Home Park (1870) estuvo lo suficientemente conectado con la élite londinense como para usar el estadio The Oval mucho más de lo habitual. El Reading Football Club (1871) alineó en sus primeros años a miembros de la élite económica y social local, entre ellos jueces de paz, miembros del parlamento y alcaldes. Muchos de ellos fueron futbolistas que pasaron por equipos de la capital y que incluso llegaron a ser convocados con la selección inglesa, como fue el caso de James Haygarth. El Marlow FC (1870) conformó escuadras con notables estudiantes de Oxford, algunos de gran prestigio futbolístico, como Cuthbert Ottaway, posteriormente capitán de Inglaterra y campeón de la FA Cup con el Oxford University en 1874. Un camino similar siguió el Maidenhead (1870), que también contó entre sus filas con antiguos alumnos de la universidad de Oxford, mezclados con estudiantes de la Philberds Schools que tuvieron contacto con el Old Etonians.

Pero si Londres y los Home Counties se convirtieron en lugares donde el fútbol se mantuvo en un constante estado de ebullición, Sheffield pasó a ser el centro de la cultura balompédica del país a una velocidad de vértigo.

# CAPÍTULO 9
# ESTO ES SHEFFIELD

Convertida en centro industrial de gran relevancia, Sheffield vivió un notable crecimiento a principios del siglo XIX. Parapetada en la producción de metal especializada en lo que se denominó *Sheffield Plate*, una aleación de plata y cobre, la ciudad del norte de Inglaterra fue el lugar al que muchos llegaban en busca de la ansiada prosperidad. También se convirtió en el principal centro del fútbol cuando en sus calles, cada vez más sucias y llenas de gente, fueron a toparse dos tipos fundamentales para la historia del deporte.

Nathaniel Creswick y William Prest no solo fueron dos exitosos hombres de negocios, el primero dedicado al metal y el segundo a los vinos, sino que compartieron la afición por el deporte y sirvieron a su país como reputados militares. Ambos fueron jugadores de críquet y estuvieron muy unidos al Sheffield Cricket Club, una asociación establecida hacia 1751 y de gran relevancia en el desarrollo del juego en el norte de Inglaterra.

Fue en el seno del club de críquet donde varios de sus miembros comenzaron a interesarse por el fútbol, un deporte que había seguido jugándose en la región de manera más o

menos organizada, pero informal en zonas como Thurlestone, Holmfirth o Penistone.

Primero jugaron partidos sin ningún tipo de reglas, organizados cada sábado de invierno con el único objetivo de disfrutar de la pelota y mantenerse en forma. La práctica esporádica se convirtió en habitual, y Nathaniel y William decidieron fundar el Sheffield FC el 24 de octubre de 1857, considerado hasta la fecha como el equipo de fútbol más antiguo del mundo.

Sus comienzos estuvieron repletos de partidos disputados entre sus miembros, con formatos como "solteros contra casados" o "primera mitad del alfabeto contra segunda mitad" al no existir otro equipo al que enfrentarse. En medio de esa rutina, Creswick y Prest se plantearon una evolución del juego y el asentamiento de una comunidad futbolística en la zona, con el Sheffield como referente. Así, redactaron un código de normas que se aprobó el 28 de octubre de 1858 y que se publicó un año después.

Las Reglas de Sheffield propusieron un juego en el que el *hacking* quedó prohibido, pero no las cargas y los empujones. Algo parecido ocurrió con el *handling*. No se permitía agarrar el balón con las manos y correr con él, aunque el código estableció el *fair catch*, la acción consistente en coger el balón después de que este hubiese sido lanzado por algún miembro del equipo rival. La normativa también introdujo el tiro libre para sancionar el juego antirreglamentario y el saque de banda, al mismo tiempo que no tuvo en cuenta el fuera de juego[39].

Una de las características del Sheffield fue su perfil de clase media, en contraposición con la condición elitista de los equipos relevantes surgidos en Londres. Si bien la fun-

---

39  Al igual que la mayoría de compendios de reglas de la época, la normativa de Sheffield no estipulaba el número de jugadores por equipo. Sin embargo, estableció un código de vestimenta reducido a unas gorras de franela de color rojo y azul oscuro.

dación de *The Club* correspondió a dos componentes de la alta sociedad, el equipo no dudó en reclutar a jugadores de estratos más bajos. Fue un esquema que se repitió en otros equipos de la zona. De los primeros 57 miembros del Sheffield FC solo uno asistió a una de las principales *public schools* (Rugby), mientras que la mayoría de sus jugadores se formaron en el Sheffield Collegiate. Aunque siempre gozó de un notable prestigio, la plana mayor del Sheffield estuvo compuesta principalmente por fabricantes de la industria de la zona, algunos médicos y artesanos. Una mezcla interesante.

Con respecto a su fútbol, muchos historiadores citan como su principal influencia el juego tradicional superviviente en la región. No obstante, en un discurso de 1909, Nathaniel Creswick aseguró haber escrito a las diferentes *public schools* para hacerse con una copia de sus reglas, recopilando lo mejor de cada normativa para dar forma al código de su equipo[40].

El Sheffield tuvo que mantener todavía un par de años más el formato "solteros contra casados" hasta encontrar un rival con el que poder poner en práctica sus normas. Aunque el primer partido contra un equipo de fuera tuvo lugar en diciembre de 1858, cuando se enfrentó a una escuadra compuesta por miembros del 58º Regimiento de Infantería de Rutlandshire, no contó con un oponente habitual hasta 1860, el año de fundación de sus vecinos del Hallam FC. Ambos conjuntos disputaron el 26 de diciembre de 1860 el primer derbi de la historia, jugado bajo las Reglas de Sheffield en Sandygate Road, la casa del club de Crosspool y el estadio más antiguo

---

40  Collins, Tony. *Op. cit.*

del mundo. El partido cayó del lado del Sheffield, que ganó 0-2.[41]

El impacto del Sheffield FC y el Hallam trajo consigo la aparición de imitadores. En 1863, 17 equipos se habían formado en la ciudad y sus alrededores, algunos de ellos, como el Bromhall o el Mackenzie, se activaron tiempo después. Cuatro años más tarde, la cifra se triplicó. Aunque la élite siguió teniendo un importante rol en la formación de estos equipos, no se cerró en banda a la hora de permitir la entrada a miembros de otras clases sociales, lo que facilitó una curiosa amalgama que propició una rica cultura futbolística.

Muchos de estos clubes tuvieron su base en los equipos existentes de críquet, a imagen y semejanza de lo que ocurrió con el Sheffield FC, pero no tardaron en surgir asociaciones que hundieron sus raíces en la iglesia (Excelsior St. Mary's, Attercliffe Zion), en los regimientos de voluntarios (19th Regiment, Engineer Volunteers) y la industria local, ya fuese metalúrgica, cuchillera o cervecera (Atkin Brothers, Regent Works o Exchange Brewery).

Otra de las características del fútbol en la zona fue su unión con uno de los pasatiempos de moda en la época: el *music hall*. En esa parcela, Thomas Youdan y Oliver Cromwell fueron dos de las figuras más relevantes.

Thomas Youdan llegó a Sheffield con apenas 18 años, dispuesto a hacerse un nombre en el mundo del teatro. Comenzó siendo propietario de un bar y acabó abriendo el Youdan's Royal Casino en 1858, y el Surrey Theatre, en 1863. En 1867 su revolucionaria idea publicitaria y de negocio se basó en

---

41   Los primeros duelos entre los dos clubes vecinos fueron muy violentos. El encuentro que se disputó el 29 de diciembre de 1862 en Bramall Lane es un claro ejemplo. En aquel partido, que finalizó con empate a cero, Nathaniel Creswick se las vio en dos ocasiones con Waterfall, al que acabó golpeando en la cara. La pelea entre ambos futbolistas provocó una tangana y una invasión de campo. La lamentable imagen pasó a ser conocida como "La batalla de Bramall Lane".

explotar el crecimiento del fútbol en Sheffield[42]. Su rival en el ámbito teatral fue Oliver Cromwell, propietario del Theatre Royal y del popular Alexandra Theatre.

Thomas Youdan fue el principal ideólogo de la Youdan Cup en enero de 1867, un torneo de *knockout* que precedió en cuatro años a la mítica FA Cup. Participaron doce equipos de doce jugadores en partidos de noventa minutos, por un trofeo donado por el propio Youdan[43]. Las semifinales y la final, todo un éxito que reunió a 3000 espectadores, se disputaron en el estadio de Bramall Lane[44].

Un año después, la Youdan Cup, por motivos que se desconocen, no llegó a celebrarse, por lo que Oliver Cromwell tomó el testigo y cedió un trofeo para que se disputase la Cromwell Cup. El torneo involucró a cuatro equipos: Exchange, Wellington, Garrick y The Wednesday, que salió campeón.

Aquel The Wednesday triunfante responde hoy al nombre de Sheffield Wednesday, otro de los potentes equipos de la zona que recogió el testigo de *The Club,* en cuanto a liderazgo se refiere.

The Wednesday encontró sus orígenes en el Wednesday Cricket Club, que abrió sus puertas en 1820 y enseguida supo hacerse un hueco como parte significativa en el asentamiento del juego en Yorkshire. La historia se repitió y siguió el patrón de fundación del Sheffield FC. Los miembros del equipo de críquet, buscando una actividad para mantenerse en forma durante los meses de invierno, se decantaron por el fútbol y decidieron formar un club en septiembre de 1867, tras una reunión en el Adelphi Hotel.

---

42  Westby, Martin. "Thomas Youdan: The man behind the world's oldest football trophy", England's Oldest Football Clubs (12 de junio de 2017).

43  Los participantes fueron: Norton, United Mechanics, Mackenzie, Garrick, Hallam, Heeley, Norfolk, Fir Vale, Broomhall, Pitsmoor, Wellington y Milton. La final la disputaron Hallam y Norfolk con victoria 2-0 para los primeros.

44  Para hacernos una idea del éxito de la última fase de la Youdan Cup, la primera final de la FA Cup, disputada el 16 de marzo de 1872 en The Oval entre el Wanderers y el Royal Engineers, apenas reunió a 2000 personas.

Hasta su separación definitiva del club de críquet en 1882, The Wednesday aumentó su reputación gracias a su buen hacer en el terreno de juego, a la labor administrativa de dos figuras como Charles Clegg y John Holmes[45], y a la controvertida decisión que adoptó el Sheffield FC a finales de 1867 y que prácticamente lo retiró del panorama futbolístico de la zona

---

45 Charles Clegg aparecerá a conveniencia posteriormente. John Holmes nació en Sheffield y fue hijo de un héroe de guerra que estuvo al lado del duque de Wellington en la batalla de Waterloo. Llegó al Wednesday en 1872, entró en su comité cinco años después y no paró de escalar posiciones hasta convertirse en su presidente. Conocido por promocionar el talento local, Holmes fue el principal valedor de la Football Alliance y su primer y único presidente.

# CAPÍTULO 10
# EL TOQUE ESCOCÉS

No son pocas las voces que se han levantado a lo largo de los años para subrayar la importancia de Escocia como zona de relevante importancia en el desarrollo del fútbol moderno.

Como en Inglaterra, el juego de pelota en tierras escocesas no escapó de la prohibición. Ya se ha señalado que Jacobo I intentó borrarlo del mapa con la promulgación de la Football Act de 1424, y que sus descendientes tampoco fueron muy amigos del balón, haciendo uso de todo tipo de restricciones que no funcionaron.

También como en Inglaterra, en Escocia se dieron dos versiones del juego de pelota que respondían al caos del *mob football* y a partidos algo más organizados e informales, como los inspirados en el *camping*. Ambas vertientes coexistieron hasta bien entrada la década de 1850 y, por supuesto, su práctica era una mezcla entre el *kicking* y el *handling* no exenta de violencia.

El 9 de julio de 1867, un grupo de miembros de la asociación juvenil YMC decidieron crear un equipo de fútbol tras un encuentro en el Dick's Pub. De notable posición y procedentes de Morayshire, Banffshire y Aberdeen, eligieron un presi-

dente, un capitán, un secretario, un tesorero y un comité de 13 representantes. Desechados los nombres de The Northern, The Morayshire o The Celts, decidieron llamarse Queen's Park.

Durante un buen tiempo fue el Queen's Park y solo el Queen's Park. No había nada más, por lo que, al igual que sucedió con el Sheffield FC, sus primeros partidos respondieron a socorridos formatos como "fumadores contra no fumadores". A pesar de no contar con oponente, el equipo dio muestras de un gran compromiso y una sólida organización, estableciendo tres entrenamientos por semana que, en ocasiones, contaban con público. Era una cuestión de tiempo que comenzasen a surgir los rivales.

En 1868 apareció el Thistle. Fue el primer partido competitivo del Queen's Park, disputado en agosto, durante casi dos horas, con 22 futbolistas por equipo, y que ganaron 2-0. También fue el único encuentro que jugaron fuera de su entorno ese año. El verano siguiente se midieron al híbrido deportivo Hamilton Gymnasium en un 15 contra 15 del que también salieron victoriosos por cuatro goles y nueve touchdowns a cero, lo que nos da una idea del tipo de fútbol que practicaban.

No obstante, el Queen's Park demostró ser un club ambicioso desde el mismo momento de su fundación, por lo que necesitaba un desafío constante. Su liderazgo en la zona estaba claro y se mantendría todavía durante mucho tiempo, aún después del nacimiento de su mayor rival, el Rangers (1872). Pero paralelamente debía evolucionar como equipo. Por ello no es de extrañar que el conjunto de Glasgow se uniese a la Football Association en 1870 y adoptara su reglamento. Es más, cuando se creó la FA Cup contribuyó al coste del trofeo con una guinea y fue uno de los 15 equipos que participó en la primera edición de la historia del torneo, aunque, como veremos más adelante, su aventura copera fue más bien nula. La entrada del Queen's Park en la Football Association fue considerada un pequeño éxito diplomático por parte de Charles Alcock, llevada a cabo gracias a la buena relación con los hermanos Smith, Robert y James, dos relevantes miembros del primer comité del conjunto de Glasgow y residentes en Londres desde 1869.

Asentado como referencia indiscutible, el Queen's Park no dudó en ejercer de misionero futbolístico en Escocia, una labor para la que parecía estar preparado. En 1875 se registraban 26 equipos de fútbol solo en Glasgow, la inmensa mayoría de ellos totalmente desconocidos hoy en día. Al año siguiente, el número aumentó a más de 40. Su visita a Alexandria, en Dunbartonshire, para demostrar de lo que eran capaces en el terreno de juego, llevó a un grupo de jóvenes locales a formar el Vale of Leven Club. El impacto de aquel club derivó en la formación del Dumbarton FC y el Renton FC. Un éxito sobresaliente habida cuenta de que la zona era conocida por la popularidad del *shinty*. Fue el principio de una oleada de imitadores que se extendió a todo el país.

La tarea evangelizadora del Queen's Park alcanzó su punto álgido cuando, durante un período de tiempo, fue la encarnación de la mismísima Scottish Football Association cuando aún esta no existía. El conjunto de Glasgow aceptó toda la responsabilidad de llevar a buen puerto el primer partido internacional de la historia —que se relatará convenientemente llegado el momento—, y la aventura sirvió para iniciar los trámites correspondientes y establecer un órgano de gobierno escocés. Fue así como en febrero de 1873 el comité del Queen's Park contactó con miembros de otros clubes y un mes después se fundó la Scottish Football Association, conformada por el Clydesdale, Vale of Leven, Dumbreck, Third Lanark, Eastern, Granville y, finalmente, el Kilmarnock. Algunos de estos clubes eran de reciente creación, como el Clydesdale o el Third Lanark, fundados gracias al entusiasmo

general provocado por el partido internacional entre Escocia e Inglaterra.

El establecimiento de la Scottish Football Association conllevó la aparición de nuevos clubes en áreas donde el fútbol no era, ni mucho menos, un desconocido. En Edimburgo, el Hibernian (1875) se formó por influencia irlandesa, y su relación con el conjunto del Queen's Park fue fundamental para su forma de entender el juego. La mayoría de los equipos surgidos en la zona practicaban una particular mezcla local de fútbol y rugby. Por su parte, el Heart of Midlothian se fundó un año antes que el Hibernian, después del contacto de los miembros de la Heart of Midlothian Quadrille Assembly Club con las reglas de la Football Association, gracias a un partido liderado por miembros del Queen's Park y el Clydesdale.

Aunque comenzó con ocho miembros, el crecimiento de la Scottish Football Association fue vertiginoso. Ayudó la aceptación del código introducido en Escocia por el Queen's Park, importado de Londres, una serie de normas a las que no se puso ninguna objeción porque no existían unas reglas previas con las que compararlas. El mismo año de la formación de la Asociación se creó la Scottish Football Association Challenge Cup, que en su primera edición contó con 16 participantes, entre ellos el Dumbarton y el Renton.

Quizá la importancia histórica del Queen's Park se debe a su legado, apoyado en el impacto que supuso su estilo de juego. Aunque hoy todavía se discute sobre qué equipo fue el primero en priorizar el pase como elemento distintivo sobre el terreno, por encima de las habilidades individuales del *dribbling* (suele incluirse en el debate al Sheffield FC), el Queen's Park sigue estando considerado como uno de los pioneros del denominado *combination game* junto al Royal Engineers y el Cambridge University.

El modo de jugar del Queen's Park no tardó en denominarse como "estilo escocés" una vez que puso los pies en el país vecino. El propio equipo hizo que su juego de pases calase en el norte de Inglaterra y en las Midlands, y en su empeño por expandir el fútbol en Escocia lo transmitió a otros clubes. Cuando los ingleses tomaron buena nota de las habilidades de los jugadores escoceses en el campo y comenzaron a hacerse con sus servicios, el *combination game* alcanzó otro nivel. Aquellos tipos obcecados en pasar el balón a sus compañeros de equipo fueron conocidos como los Profesores Escoceses.

# CAPÍTULO 11
## UNAS REGLAS PARA UNIRLOS A TODOS

En 1849 el Surrey Football Club publicó su juego de reglas, una de las referencias más antiguas que tenemos más allá de las instituciones educativas. El conjunto estaba compuesto exclusivamente por *gentlemen* ligados al equipo de críquet de Surrey y a otras asociaciones como el Surrey Paragon Club o el Union Club, que se reunían en los meses de invierno para mantenerse en forma pateando un balón. En la práctica no era más que una recuperación de la Gymnastics Society, un club deportivo centrado en diferentes disciplinas como la natación o el *wrestling*. Su normativa iba poco más allá de las pautas básicas de organización de la sociedad. Era un compendio breve que fijaba quiénes podían formar parte del club, la cuota de suscripción (cinco chelines), los días de juego (miércoles y sábados por la tarde), y que especificaba el número de jugadores por equipo (no más de 22) y prohibía el *hacking*.

Las reglas de Sheffield fueron todo lo contrario. Mucho más concretas y centradas en el juego en sí, con vistas a evolucionar. En 1862, cuatro años después de la publicación de las primeras normas, y tras algunas enmiendas, se introdujo el cambio de campo en el descanso (solo si no se había marcado gol al final de la primera mitad) y se especificaron las dimensiones de la portería: dos postes de 12 pies de alto separados por cuatro yardas, y un larguero a nueve pies del suelo. La norma más controvertida que se adoptó entonces fue la de aceptar el *rouge*, el sistema de puntuación del *Field Game* de Eton, con el objetivo de evitar los empates en los partidos. Aquel punto dejaba claro que, aunque el fútbol informal superviviente pudo haber influenciado en la formación del Sheffield FC, la inspiración en el juego de las *public schools* era latente.

Los códigos de las instituciones de enseñanza, cada uno con sus características, seguían representando una fuerza mayor, principalmente porque iban siendo adoptados y adaptados por equipos donde la élite jugó un rol predominante, permitiendo un juego donde se mezclaba el uso de pies y manos, el abuso o la prohibición total del *hacking* y los marcadores con *touchdowns*. El caos era tal que hubo equipos que llegaron a disputar partidos con casi todas las normas existentes en la época.

Como buenos estudiosos de todo lo que ocurría alrededor de la fiebre del balón, Charles Alcock y Ebenezer Cobb Morley conocían el debate organizado alrededor de la necesidad de crear un órgano de gobierno para el fútbol, y dar forma a un código de reglas que simplificase un deporte que despegaba en popularidad.

La discusión sobre una normativa universal saltó incluso a las páginas de *The Times* a principios de octubre de 1863. A través de una serie de cartas, un alumno de Eton inició una acalorada discusión con otros jóvenes de Harrow, Charterhouse, Winchester y Rugby en la que cada escuela dejó clara la superioridad de su código. Nada nuevo bajo el sol. Sin embargo, la idea del *Etonian* subrayó la conveniencia de fijar unas normas "para jugar al fútbol en cualquier parte", una empresa que debían llevar a cabo "los capitanes de los equipos de las *public schools*, universidades y de uno o dos clubes de Londres".

La iniciativa no era nueva. El editor del prestigioso *Bell's Life in London*[46] sugirió un camino similar en 1859, una propuesta con la que se alinearon el cronista John Dyer Cartwright y otros periodistas bajo pseudónimo. Del mismo modo, John Charles Thring mantuvo, desde su implicación en la codificación de Cambridge en 1846, la idea de crear un órgano directivo con capacidad de dictar leyes para el fútbol. Junto a su hermano Edward dio forma al código de la Uppingham School en 1857, una institución de la que fue nombrado director un par de años después.

Desde su posición de poder en la escuela invirtió todo su esfuerzo en la redacción de una normativa a través de una serie de cartas al periódico *The Field*. Fue ese mismo medio el que publicó en 1862 su trabajo titulado *The Rules of Football: The Winter Game*, un texto que proponía diez leyes para lo que él denominaba *The Simplest Game*. Un año después, el 24 de septiembre de 1863, escribió al *Daily Telegraph* insistiendo en la formación de "una asamblea que pudiera reunirse con la suficiente autoridad como para emitir un código de reglas"[47].

Cuando el *Telegraph* publicó la carta de Thring, el *Bell's Life* ya se había hecho eco del anuncio de Ebenezer Cobb Morley. En nombre del Barnes Football Club, el abogado llamó a una reunión de representantes de equipos londinenses y de las escuelas más prestigiosas con el objetivo de formar un órgano de gobierno para el fútbol con poder para fijar un código normativo.

Su petición fue escuchada por doce clubes: Blackheath, Blackheath Proprietary School, Bucks FC, Charterhouse, Civil

---

46  El *Bell's Life in London* fue uno de los semanarios deportivos más importantes de la época. Publicado en un característico color rosa, se mantuvo como referencia entre 1822 y 1886.
47  Citado en Graham Curry; Dunning Eric. *Op. cit.*

Service, Crusaders, Crystal Palace, Kensington School, Forest Football Club, No Name Kilburn, Perceval House y Surbiton FC. La reunión tuvo lugar el 26 de octubre de 1863 en la Great Queen Street de Londres, el lugar donde se ubicaba la Freemason's Tavern original.

A excepción de Charterhouse, ninguna *public school* mandó a su representante a aquella primera reunión. Incluso Benjamin Hartshorne, el delegado *Carthusian*, se plantó en la Freemason's Tavern para señalar que su escuela no se uniría a ninguna organización hasta que el resto de instituciones lo hiciese.

Aún con esa problemática a cuestas, y con la seguridad de que la disputa sobre ciertos puntos normativos no iba a resolverse de la noche a la mañana, la primera de las seis reuniones que se celebraron terminó con la formación de la Football Association (FA), la organización de gobierno más antigua de la historia del fútbol.

El acta de fundación fue firmada por 11 clubes[48]. Se acordó una cuota anual de una libra y un chelín y se nombró presidente a Arthur Pember. Junto a él se aceptó la entrada de Ebenezer Cobb Morley como secretario y de Francis Maule Campbell, delegado del Blackheath[49], como tesorero.

Cuatro años después de la formación de la FA se fundó la Sheffield Football Association. El hecho coincidió en el tiempo con la curiosa decisión del Sheffield FC: a finales de 1867 sus miembros decidieron no volver a jugar contra ningún equipo de Sheffield. El club pionero se dedicó entonces a disputar partidos contra equipos emergentes de las zonas de alrededor, en un intento de perpetuar su condición amateur,

---

48   Los 11 clubes firmantes fueron Barnes FC, Blackheath, Blackheath Proprietary School, Civil Service, Crusaders, Crystal Palace, Kensington School, Forest FC, N. N. Club, Perceval House y Surbiton FC. Declinaron la invitación Charterhouse, Harrow, Westminster y Bucks FC.
49   *Bell's Life in London*, 31 de octubre de 1863.

aunque todo sonó más bien a una pataleta de resignación por el liderazgo perdido.

La formación del órgano de gobierno de Sheffield alcanzó con rapidez un extraordinario grado de control y dirección sobre los equipos de su zona, muy alejado de la sensación de desorden que desprendía la asociación de Londres, dispuesta a convertirse en el referente de mando en Inglaterra.

Su éxito inmediato se apoyó en un reconocimiento sin paliativos del código de Sheffield, que más tarde contribuyó a las normas bajo las que se uniría el juego a nivel nacional. Del mismo modo y de una manera eficaz, supervisó el registro de jugadores a nivel local, activó una potente maquinaria mediática para la publicidad de los partidos y dio pie a otras iniciativas pioneras, como la formación de la Player's Accident Society. La agrupación, que empezó a funcionar en 1874, permitió a los jugadores cubrirse económicamente en caso de sufrir un accidente en el terreno de juego[50].

Se habían creado las dos Asociaciones más importantes de Inglaterra, pero aún quedaba mucho trabajo por hacer. Estaban por llegar los tiempos de la escisión y de la convivencia de códigos.

---

50   En su primer año de vida, la Player's Accident Society cubrió las necesidades de 560 futbolistas de 37 equipos diferentes.

# CAPÍTULO 12
# DOS BANDOS IRRECONCILIABLES

La Football Association tuvo que hacer frente a dos batallas que no fueron nada sencillas. La primera, dar forma a un código de reglas con un debate demasiado viciado. Aunque el uso de las manos supuso una continua fuente de conflicto, *el hacking*, la patada para detener a un rival, fue la gota que colmó el vaso. La segunda, imponerse a la influencia de Sheffield y lograr un acuerdo que llevase a un juego de reglas a nivel nacional, con Londres como referente. Aquella fue una batalla más larga. De hecho, las dos asociaciones no se dieron la mano hasta 1877.

Tras su formación, las tres siguientes reuniones de la FA, fechadas el 10, el 17 y el 24 de noviembre de 1863, sirvieron para constatar que quedaba trabajo por hacer. Tres de los equipos inmersos en los primeros y eternos debates (Blackheath, Blackheath Proprietary School y Perceval House) eran de sobra conocidos por seguir las reglas de la escuela de Rugby, mientras que el Barnes FC y el Civil Service las pusieron en práctica en alguna ocasión. El resto nunca estuvo muy de acuerdo con que varias de las normas de la *public school* de Warwickshire tuviesen cabida en el nuevo código.

Las acaloradas discusiones se acrecentaron cuando el primer juego de reglas, planteado por Ebenezer Cobb Morley, concedió cierta permisividad con el *handling*, una proposición que no fue muy bien vista, pero que el abogado creyó necesaria para mantener a todos los equipos unidos.

Si uno echa un vistazo al primer código de la FA, redactado en noviembre de 1863, estará de acuerdo en que eso no es fútbol. Las 14 normas que vieron la luz tras la cuarta reunión de la organización fueron una amalgama de proposiciones que, más que intentar lograr una sólida base de futuro, parecían querer contentar a demasiada gente.

El código no concretaba los castigos por infringir las leyes (se obvió la figura del árbitro), como tampoco hizo demasiado caso a la duración del partido, al número de jugadores de cada equipo o las marcas sobre el campo más allá de unos banderines que señalaban los límites de un terreno de juego cuyas medidas se establecieron en 200 yardas de largo y 100 de ancho. Las porterías debían tener ocho yardas de separación entre los dos postes verticales, pero no se contempló la existencia del larguero[51]. Para anotar un gol el balón debía pasar entre los dos palos a cualquier altura, siempre y cuando no fuese lanzado, golpeado o transportado con el brazo o con la mano. No obstante, la normativa siguió permitiendo el uso de las manos en algunos casos.

Con respecto al fuera de juego —que no se tuvo en cuenta en Sheffield— la norma era muy estricta, aunque se modificó tres años después. Así, un jugador incurría en posición irregular cuando se situaba por delante del balón en un pase avanzado, es decir, entre la pelota y la portería contraria, lo que provocaba subidas de hasta ocho atacantes que tenían como

---

51 El larguero sólido apareció en 1882 y, aunque los clubes debían encargarse de tenerlos en sus campos, no fueron habituales hasta años después. Las redes de las porterías fueron un invento de John Alexander Brodie, un hincha del Everton, quien vio durante un partido contra el Accrington en 1889 cómo un error del árbitro anuló un gol de su equipo al considerar que el balón pasó por fuera del poste y no por dentro. Brodie pensó que la solución estaba en unas redes. La Football League decidió implementarlas en 1891.

única opción la internada individual con regates y carreras entre la defensa rival.

La regla número 11, que prohibió el *hacking*, pero también las zancadillas y los agarrones, provocó la ruptura que se venía gestando desde el comienzo.

Francis Maule Campbell, representante del Blackheath y primer tesorero de la FA, dejó clara su posición al respecto: el *hacking* era la verdadera esencia del fútbol. Su sentencia no resultó agradable para buena parte de la junta y prevaleció la idea de que permitir las patadas y zancadillas sería la tumba de aquel deporte. Ratificada la decisión, el Blackheath se bajó del barco de la Football Association y lideró la formación en 1871 de la Rugby Football Union[52]. El primer código de reglas de la recién nacida federación prohibió el *hacking*. El club de Campbell lo hizo cinco años antes[53].

El primer partido bajo las nuevas reglas se jugó el 19 de diciembre de 1863 entre el Barnes y el Richmond, que no era miembro de la FA, y terminó con un empate a cero. A pesar del resultado y de ciertas complicaciones a la hora de aplicar la normativa, las crónicas lo consideraron un éxito.

Hubo que esperar al 30 de enero de 1864 para ver el primer encuentro disputado con el código de Londres entre dos equipos miembros de la Football Association: ganó No Name Club 3-0 a Barnes. Para entonces, Morley y los suyos podían darse por satisfechos con el rumbo de los acontecimientos, teniendo en cuenta que su organización estuvo a un paso de disolverse al poco tiempo de nacer. Todavía les esperaban unos años de incertidumbre, pero al menos una cosa estaba

---

52  El Blackheath y el Richmond lideraron la ruptura y convocaron una reunión a través de The Times en el Pall Mall Restaurant de Londres, el 4 de diciembre de 1870. A la asamblea, celebrada el 26 de enero de 1871, acudieron representantes de 21 equipos, entre los que se encontraban el Civil Service, Clapham Rovers, Ravenscourt Park, West Kent o el Wellington College. Tres abogados, antiguos alumnos de la Rugby School, redactaron un código de reglas que se aprobó en junio de 1871.

53  Dunning, Eric. *Barbarians, Gentlemen and Players: A Sociological Study of the Development of Rugby Football* (Psychology Press, 2005).

clara. En octubre dieron luz verde a una FA demasiado inestable, a pesar de que el debate público invitaba a creer que todo sería coser y cantar. Apenas tres meses después, cuando parecía abocada al fracaso más absoluto, logró levantarse, estableció un código común y consiguió que una serie de equipos bajo su patronazgo jugasen según el mismo. No es que toda Inglaterra cayese rendida a sus pies a las primeras de cambio, pero ahí el principal culpable era Sheffield; una batalla más que debían librar.

El 9 de enero de 1864 se celebró un partido de exhibición para un nuevo test de las reglas de la asociación entre un equipo del presidente y otro del secretario. El encuentro reunió, entre otros, a Arthur Pember y Ebenezer Cobb Morley como capitanes, Alexander Morten, Harry Waters Chambers[54] y los hermanos Alcock, y finalizó 2-0 a favor de los hombres del presidente. Tras el evento, los jugadores se reunieron para cenar y comentar los pormenores del partido. Durante el postre, Arthur Pember levantó su copa y propuso un brindis:

> "Por el éxito del fútbol, independientemente de su clase y de su credo".

---

54 Alexander Morten jugó para el No Name, el Wanderers y el Crystal Palace. Fue el primer portero en capitanear a la selección inglesa en el segundo partido internacional oficial el 8 de marzo de 1873. Harry W. Chambers fue jugador del Sheffield FC, club con el que estuvo relacionado durante toda su carrera, y el primer presidente de la Sheffield Football Association en 1867.

# CAPÍTULO 13
# LONDRES *VERSUS* SHEFFIELD

Para la FA lidiar con Sheffield no fue fácil. Primero tuvo que hacerlo con *The Club* como equipo pionero y referente. Más tarde, con la Sheffield Association como cuerpo de gobierno que demostró una increíble capacidad organizativa.

Londres había llegado a un punto muerto mucho antes de la formación de la Sheffield Association. El 24 de febrero de 1866, el representante del No Name informó en la asamblea general de la FA que cada vez era más complicado jugar bajo las reglas de la Asociación. Solo dos equipos, el Barnes y el Crystal Palace, las utilizaban de manera regular[55]. Una noticia bastante dura si se tiene en cuenta que en sus primeros meses de existencia la organización de Sheffield alcanzó los 28 miembros, que acataron el código normativo sin rechistar[56].

La asociación de Londres mantenía en su puesto de presidente a Arthur Pember, mientras que Charles W. Alcock sustituyó a su hermano en el comité, y Ebenezer Cobb Morley renunció a su puesto de secretario por motivos laborales, aunque retomó su actividad poco después y acabó siendo

---

55  *Bell's Life in London*, 24 de febrero de 1866.
56  En febrero de 1867, la FA contaba con tan solo diez miembros, de los cuales solo cuatro asistieron a la reunión general de ese mes. Ebenezer Cobb Morley llegó a pensarse la disolución de la Asociación.

nombrado presidente en febrero de 1867. Tanto los miembros de la Football Association como los representantes del Sheffield FC eran conscientes de que, tras cada debate, sus códigos eran cada vez más parecidos. Aún así, seguían siendo incapaces de llegar a un acuerdo que acabase en una unión definitiva. Por alguna extraña razón se empeñaron en hacer el camino más largo.

William Chesterman, que reemplazó a Nathaniel Creswick como tesorero del Sheffield FC, tuvo a bien enviar una carta a la Football Association. Su propuesta no era otra que un partido de fútbol. Un equipo de Londres contra otro equipo en representación de Sheffield jugado bajo las reglas de la FA.

La Football Association no dudó en aceptar la propuesta de Chesterman, aunque puso condiciones. El partido se jugaría en un terreno de 120 yardas de largo por 80 de ancho en Battersea Park, en el distrito de Wandsworth, y duraría 90 minutos. Estaría prohibido correr con el balón en las manos (aunque se permitiría el *fair catch*), no habría tiros libres y la regla del fuera de juego requeriría de tres rivales entre el jugador atacante y la portería del contrario.

El equipo representante de Sheffield estuvo integrado en su totalidad por jugadores del Sheffield FC, entre ellos William Chesterman y Harry Chambers, quien ya participó en el partido de exhibición para probar las reglas de la FA celebrado en enero de 1864. El conjunto de Londres contó en sus filas con futbolistas del No Name, Barnes, Civil Service y Wanderers, por lo que su escuadra alineó a los sospechosos habituales: Arthur Pember como capitán, Charles Alcock, Arthur Kinnaird y Ebenezer Cobb Morley, a los que se unieron John Biddulph Martin, Robert Willis o Alfred Baker.

El partido se celebró el 31 de marzo de 1866 y dio comienzo a las 15:15. A pesar de que estuvo cerca de suspenderse a causa del mal tiempo, que empeoró en la segunda mitad, los futbolistas del equipo de Sheffield decidieron jugarlo hasta el final. El duelo se lo llevó el conjunto de Londres, según la crónica por dos goles y cuatro *touch-downs* a cero[57]. Aunque aún faltaban por limar algunas diferencias con respecto a ciertas reglas, y a pesar de la dura derrota sufrida por Sheffield, la experiencia fue muy positiva.

Cuando Harry Chambers sucedió a William Chesterman como secretario del Sheffield FC, no dudó en dirigirse a la FA para proponer un partido de revancha, esta vez en Sheffield y bajo las Reglas de Sheffield. La Asociación aceptó de nuevo.

El partido quedó fijado para el 19 de enero de 1867, pero dos días antes se decidió aplazarlo, debido al mal tiempo, y así evitar la amenaza de suspensión una vez comenzado. La nueva fecha elegida fue el 6 de abril, pero el partido no se jugó. De hecho no se celebraría hasta cuatro años después. Y en ese tiempo pasaron muchas cosas.

Una vez fundada la Sheffield Football Association, su código se modificó hasta en cinco ocasiones. En octubre de 1868 se eliminó el *rouge* como sistema de puntuación, se introdujo el saque de esquina y, por primera vez, se hizo referencia al árbitro[58]. Hasta entonces, los capitanes eran los encargados de discutir entre ellos sobre cualquier percance que se diese en los partidos. Para que se concentrasen en el juego surgió el *umpire*, una figura en principio imparcial que velaba porque se respetasen las normas.

Algunos puntos normativos sufrieron varios vaivenes. El *fair catch*, prohibido en marzo de 1867, se reintrodujo tras la asamblea de octubre de 1868[59] y se abolió definitivamente en 1871. Fue la única acción en la que se utilizaban las manos que se permitió tras la fundación de la asociación, y su des-

---

57  *Kentish Chronicle*, 14 de abril de 1866.
58  *Sportsman*, 12 de noviembre de 1868.
59  *Sheffield Daily Telegraph*, 14 de octubre de 1868.

aparición completó la transición del fútbol a deporte jugado exclusivamente con los pies.

El *hacking* quedó penado con un tiro libre, lo mismo que ocurrió con las zancadillas y los empujones, y la regla del fuera de juego difería de la utilizada por la FA, el principal punto que enfrentó a ambas asociaciones y que se alargó hasta la extenuación entre interminables debates y propuestas que eran rechazadas una y otra vez.

El partido pendiente entre ambas Asociaciones se jugó el 2 de diciembre de 1871 en Bramall Lane y lo ganaron los locales por 3-1. No cambió nada. La Football Association continuó con su cruzada de permanecer como la organización que debía dominar el juego del fútbol en el país y el debate se alargó otros seis años más. La unión definitiva no se produjo hasta el 23 de abril de 1877, cuando en una asamblea extraordinaria la Sheffield Association decidió adoptar las reglas de la FA. Para entonces ya había perdido buena parte de su influencia y el Sheffield FC era lo más parecido a un equipo fantasma.

# CAPÍTULO 14
# LA HORA DE LA *WORKING CLASS*

A partir de 1870 el panorama del balón en Inglaterra dio un curioso vuelco. Siguiendo la estela de lo narrado hasta el momento, y viendo la inestable trayectoria de la FA desde su fundación en 1863, nadie podía predecir la explosión del fútbol en los diez años siguientes hasta el punto de convertirse en el deporte nacional.

Su increíble despegue de popularidad se benefició de las mejoras en las comunicaciones (con el ferrocarril como principal referencia), de ciertos cambios en el entorno urbano y de una nueva cultura del ocio. No hay nada de misterioso en todo esto. El tren facilitó los desplazamientos, posibilitó un mayor número de encuentros entre equipos y posteriormente movió a los aficionados a lo largo y ancho del país. Se abrieron nuevos parques y se habilitaron espacios abiertos para actividades deportivas al aire libre. Muchas de estas zonas de esparcimiento no tardaron en contar con recintos dedicados única y exclusivamente al fútbol, como Clapham Common, Battersea Park, los campos del Crystal Palace, Calthorpe Park o Stanley Park. La legislación con respecto a las condiciones de trabajo y las jornadas laborales provocó cambios y avances

que desembocaron en un equilibrio de los términos económicos y en un aumento del tiempo libre, ratificado con un buen puñado de leyes como la Bank Holidays Act de 1871, que estableció los días de fiesta nacional, entre ellos el Boxing Day. El ocio llevó a la gente a los campos.

El fútbol aún se jugaba como buenamente se podía. El sábado era el día por excelencia para la celebración de partidos, que solían durar una hora o una hora y media. Los conjuntos de 11 jugadores todavía no eran la norma, aunque eran las escuadras más utilizadas. Todavía se daban situaciones en las que los equipos acudían con menos futbolistas de los pactados o con más jugadores de los permitidos, por lo que el número de participantes variaba. En términos de lealtad la situación seguía igual. Un delantero podía ser miembro de varios clubes en un mismo año. Los mejores incluso cambiaban de camiseta de un fin de semana para otro.

Las tácticas eran básicas y el fundamento del juego se limitaba a un jugador dirigiéndose a la portería contraria, evitando las entradas de los contrarios. El *dribbling* era el santo y seña del fútbol, aunque el juego combinativo no era ningún desconocido. Equipos como el Royal Engineers o el Queen's Park escocés fueron pioneros en un estilo futbolístico que priorizó el pase y asentó las primeras formaciones de pizarra.

Hubo muchos empates a cero, pero importó poco. El fútbol era un deporte digno de presenciarse y la gente comenzó a disfrutarlo incluso sin la salsa del gol. Aumentaron los amistosos y las ganas de conocer los resultados. Los partidos entre pueblos rivales fueron cada vez más populares, pero creció el interés por saber qué hacían otros equipos aunque no hubiese ningún tipo de conexión con ellos, por lo que la prensa abrió nuevas secciones dedicadas a la crónica futbolística. Al principio fueron únicamente recopilaciones de resultados para las que se utilizó a jóvenes en bicicleta recorriendo los pueblos y anotando los marcadores o a las muy socorridas palomas mensajeras, más rápidas que la habitual correspondencia. Luego se popularizó el telégrafo y después aparecieron grandes periódicos que hicieron del fútbol su razón de ser: *Athletic News, The Goal, Saturday Night, Sporting Chronicle, Sporting Life, The Sportsman.* Había dónde elegir[60].

De la mano de esta vorágine, los clubes de fútbol vieron cómo también se modificaba su estructura. Aunque la élite siguió dominando la escena y el órgano rector, nuevos equipos crecieron al calor de otros sectores y se inclinaron hacia el seno de la clase obrera y de las comunidades religiosas.

Yorkshire continuó imparable la expansión iniciada por el Sheffield FC. Al asentamiento del Sheffield Wednesday y más tarde de su principal rival, el Sheffield United, le siguieron toda una proliferación de equipos por el norte, sur, este y oeste del condado. El Middlesbrough AFC (1875), paradigma de la clase media, fue el punto de partida del que surgieron un buen puñado de clubes por iniciativa de maestros, como el Whitburn o el Middlesbrough Pupil Teachers FC. El sector del ferrocarril tendría su representación en el Doncaster Rovers (1879), fundado por Albert Jenkins, operario de la Great Northern Railway, y la iglesia, a través del clérigo Tiverton Preedy, fue la base del establecimiento del Barsnley Football Club.

Tyne and Wear también contó con un popular equipo surgido gracias a la iniciativa de un grupo de profesores: el denominado Sunderland and District Teachers' Association Football Club, que fue el germen del Sunderland. La zona también fue la casa de una serie de conjuntos que representaron al

---

60 Junto al Bell's Life, que ya se ha citado en las notas al pie, el Athletic News fue otro de los grandes periódicos dedicados al fútbol, que se mantuvo en activo entre 1875 y 1931, y su gran rival junto al Sporting Life y el Sporting Chronicle. The Goal tan solo duró un año y fue uno de los primeros semanarios dedicado íntegramente a las crónicas de partidos. Saturday Night fue el primer semanario de Birmingham centrado en el fútbol. The Sportsman, editado entre 1865 y 1924, no solo se dedicó a la crónica futbolística, sino a la publicación de guías y anuales. Fue el lugar donde Charles Alcock comenzó su carrera periodística.

sector de los artesanos, como el Elswick Leather Works FC, y de futuros equipos punteros como el Newcastle United[61].

Lancashire contó con ciudades en las que solo parecía existir el fútbol. No solo fue el área donde tomaron fuerza el Darwen (1870) o el Preston North End, nacido originalmente como club de críquet en 1863 y paradigma después del fútbol moderno, sino que contó con una fuerte implicación de la iglesia.

Blackburn llegó a contar con más de 25 equipos establecidos durante la década de 1870. Fueron escuadras efímeras (Blackburn North End, Little Har-wood Echo, Brookhouse Rangers, Blackburn Law, Blackburn Pilgrims, Blackburn Perseverance o Blackburn Zingari), de una notable importancia histórica (Blackburn Olympic) y duraderas y referenciales (Blackburn Rovers).

Algo similar ocurrió en Bolton, donde comenzaron a organizarse equipos en las comunidades eclesiásticas entre 1876 y 1878 como el Bolton St. George, Bolton St. Paul o Bolton Emmanuel, aunque el club más importante de todos fue el Christ Church FC, fundado por el reverendo J. F. Wright y que dio lugar al Bolton Wanderers en 1877.

La región de las Midlands había asistido al nacimiento de auténticos pioneros. El primer equipo de Nottingham fue el Notts County, que se puso en marcha en 1862, antes de la formación de la FA. El club estuvo dirigido por la élite local, hombres jóvenes dedicados a la banca y la abogacía, un sector bastante implicado en el fútbol, como demuestra la existencia de otro equipo contemporáneo, de muy corto recorrido, llamado Nottingham Law. En sus comienzos buena parte de sus jugadores estuvieron relacionados con los equipos de críquet de la zona.

---

61  El Newcastle United adopta su nombre en diciembre de 1892. El club se forma de la unión entre el West End FC (1882), surgido de un equipo de críquet del mismo nombre, y el East End, que pasó a llamarse Stanley FC y que se fusionó con el Rosewood.

En marzo de 1866, el Notts County disputó un encuentro con un equipo recién creado que respondía al nombre de Nottingham Forest. Un año antes, un grupo de jugadores de *shinty*, un deporte parecido al hockey, decidieron probar suerte con el fútbol y formaron un club tras una reunión en el *pub* Clinton Arms. El Nottingham Forest no solo tiene una gran historia de éxitos detrás (dos veces campeón de Europa, por ejemplo) sino que influyó en el desarrollo de otros clubes importantes.

Aunque siguen sin encontrarse evidencias al respecto, entre la fundación del Notts County y la del Nottingham Forest, habría aparecido en 1863 el Stoke Ramblers, un equipo integrado por estudiantes de Charterhouse que trabajaban como aprendices en la North Staffordshire Railway. No obstante, el primer partido documentado del equipo no tiene lugar hasta cinco años después, en 1868, el germen de lo que hoy conocemos como Stoke City.

Junto a la consolidación de esos equipos, el área de las Midlands pronto vio el establecimiento de otros clubes no menos importantes, como el Aston Villa, fundado en 1874 por 15 miembros del equipo de críquet de la Wesleyan Chapel, o el Birmingham, su eterno rival, creado como Small Heath Alliance un año después. El Wolverhampton Wanderers nació como St. Luke's FC en 1877 gracias a la iniciativa de John Bayton y John Brodie, dos alumnos de la St. Luke's Church School, que después se unieron al Blakenhall Wanderers, el equipo local de críquet. En 1878 se fundó el West Bromwich Albion, originalmente formado por trabajadores del acero elástico, a sueldo del productor local George Salter.

El epicentro de todo, Londres, tampoco escapó a la formación de equipos de nuevo cuño que se alejaban de la estructura predominante.

El St. Andrew's, fundado en 1879 por un grupo de devotos de la iglesia del mismo nombre en West Kensington, no adoptó su actual denominación hasta 1888. El Fulham FC es uno de los equipos más antiguos de la capital y buena parte de su encanto actual se la debe a su casa, el estadio de Craven Cottage, al que llegaron en 1896. Fue el asentamiento definitivo después de mucho tiempo dando bandazos de campo en campo. De hecho, Gus Mears, un importante hombre de negocios y entusiasta del fútbol, intentó convencer a la plana mayor del Fulham para que alquilasen Stamford Bridge, el terreno que había comprado con la idea de levantar uno de los estadios más grandes de Londres. Ante la negativa del Fulham, Gus Mears decidió fundar su propio equipo de fútbol, y así nació en marzo de 1905 el Chelsea Football Club.

En 1885, un grupo de trabajadores de la fábrica de conservas J. T. Morton, en la Isla de los Perros, formaron el Millwall Rovers. El equipo pasó a ser Millwall Athletic en 1889 y simplemente Millwall en 1910. Para entonces ya habían encontrado a uno de sus muchos enemigos. En 1895, Arnold Hills, el presidente del astillero Thames Ironworks & Shipbuilding, formó un equipo para sus empleados al que llamó Thames Ironworks FC, que se convirtió en el West Ham United en junio de 1900.

Otro grupo de trabajadores encabezado por el escocés David Danskins, esta vez de la factoría Royal Arsenal[62], fundó en 1886 un club llamado Dial Square en honor a uno de los departamentos de la fábrica. Como aquel nombre no tuvo demasiado impacto, y ni siquiera era oficial, se cambió por el nombre del complejo, Royal Arsenal. Se mantuvo aquella denominación hasta 1893, cuando el equipo pasó a ser Woolwich

---

62  Conocido en sus primeros días como Woolwich Warren, el Royal Arsenal se convirtió a principios del siglo XIX en el complejo armamentístico más importante de Inglaterra. Dedicado a la producción de armas y munición, y a las pruebas e investigación de explosivos para el Ejército Británico, llegó a emplear a cerca de 80 000 personas durante la Primera Guerra Mundial.

Arsenal, y no fueron conocidos como Arsenal hasta 1914. Hoy en día sigue siendo el club más exitoso de la capital.

El gran rival del Arsenal es el Tottenham Hotspur, con el que disputa el denominado Derbi del Norte de Londres. El equipo nació en el seno del Hotspur Cricket Club y fue fundado por 11 estudiantes del St. John's y la Tottenham Grammar School que buscaban un entretenimiento para los meses de invierno.

Junto a Londres, dos grandes ciudades albergaron el nacimiento de otros cuatro grandes equipos de Inglaterra, tres de ellos de amplio reconocimiento a nivel internacional muchos años después. Manchester y Liverpool no solo fueron el paradigma de la urbe industrial, sino que afianzaron una potente cultura de club, edificada a partir de tardes de gloria y títulos en las vitrinas.

# CAPÍTULO 15
# FÚTBOL EN EL INFIERNO

En 1801, la población de Liverpool no superaba los 77 000 habitantes. En 1821 era de 118 000 y para el año de 1851 alcanzó una cifra superior a 350 000. Gran parte de la culpa de este crecimiento la tuvo la fama de su puerto, uno de los más importantes de Inglaterra y que jugó un papel fundamental en el desarrollo de la industria textil, atrayendo a un buen número de trabajadores y convirtiendo a la ciudad en una de las más ricas del país.

Fue también una de las partes de Inglaterra donde el ferrocarril creció con más rapidez, y su éxito mejoró las relaciones comerciales entre Liverpool y Manchester. La Stockton & Darlington Railway permitió la apertura de la Liverpool & Manchester Railway Company en septiembre de 1830. Un año después, la compañía había transportado a más de 400 000 pasajeros y arrojaba unos beneficios de más de £80 000.

Como otras zonas industriales, Liverpool no se libró de la pobreza, el alcoholismo (fue declarada la capital de la bebida) y del crimen. Sus calles vieron crecer a bandas organizadas a

imagen y semejanza de las conformadas en otras zonas como Birmingham, mucho más arraigadas en la cultura popular63.

Manchester prosperó gracias a la industria del algodón, y hacia 1850 más de 400 000 almas poblaban la ciudad. Hombres y mujeres llegaron de otras partes de Inglaterra buscando trabajo en las nuevas fábricas, porque se decía que los sueldos eran buenos. Los patrones pagaban bien, pero las condiciones no eran las mejores, y en un abrir y cerrar de ojos la ciudad se convirtió en el mejor ejemplo del inmisericorde avance del capitalismo. Charles Dickens se inspiró en Manchester para la ciudad ficticia de Coketown, donde transcurre su novela *Tiempos difíciles*. Friedrich Engels solo pudo reflejar inmundicia, ruina y explotación en *La situación de la clase obrera en Inglaterra*, lo que resumió en un verdadero infierno en la tierra. En ese contexto no es extraño que los equipos más potentes surgiesen de la clase obrera o de las comunidades de trabajadores reunidas al calor de la iglesia.

Al hablar del fútbol en Liverpool, inmediatamente nos vienen a la cabeza los dos gigantes de la zona, dos clubes vecinos unidos por uno de los estadios más míticos para buena parte del imaginario colectivo. Por supuesto, el desarrollo del fútbol en Merseyside va mucho más allá.

Liverpool fue primero una ciudad donde predominó el *handling*. De hecho, el primer Liverpool Football Club, que data de 1857, el mismo año que el Sheffield FC, fue fundado por un grupo de antiguos *Rugbeians*. La querencia por el uso de las manos dio pie a la formación de equipos inclinados a las formas de la Rugby School, como el Dingle Wanderers, Waterloo o Walton en el norte y Vipers, Rock Ferry o New Brighton en el sur.

---

63  Hacia 1870 se conformaron en Birmingham los Sloggers, liderados por John Adrian. Sus rivales fueron los Peaky Blinders, sobradamente conocidos gracias a la serie de televisión de la BBC protagonizada por Cillian Murphy.

La tendencia se inclinó después al fútbol asociación, fundándose clubes de corto recorrido, como el Liverpool AFC o el Liverpool Ramblers, cuya base estuvo constituida por antiguos estudiantes de Eton y Harrow. Algunos, como el Bootle Football Club, gozaron de cierto prestigio durante años, aunque después el conjunto formado como Bootle St. Johns cayó ahogado por las deudas. Otros fueron más longevos y supieron adaptarse y evolucionar, como fue el caso del Belmont FC, instalado en Birkenhead y que dio lugar al Tranmere Rovers.

Aunque es cierto que en sus primeros días los *gentleman* fueron parte importante en el establecimiento de los equipos, progresivamente desaparecieron de escena, dando paso a clubes con orígenes en la clase trabajadora o en la iglesia. Fue ahí donde emergió uno de los primeros gigantes de Liverpool.

Las raíces del Everton se encuentran en una congregación metodista denominada New Connexion, fundada en 1797. La comunidad compró una parcela de terreno en Breckfield Road North y allí levantó la capilla de St. Domingo, que abrió sus puertas en 1871.

El reverendo B. S. Chambers decidió comenzar con un equipo de críquet para los jóvenes de la parroquia, lo que fue la antesala de la formación del St. Domingo's Football Club en 1878. En apariencia era un club sin demasiadas pretensiones, movido por el estímulo de ser el principal pasatiempo de los fieles de la capilla. Ocurrió que al ser el primer equipo de la zona no tardó en atraer a un buen número de jóvenes, muchos de los cuales no tenían ninguna relación con los metodistas. El incremento de peticiones para jugar en el St. Domingo's propició una reunión en el Queen's Head Hotel en noviembre de 1879 que finalizó con la reorganización del equipo bajo el nombre de Everton.

Una de las figuras relacionadas con el club en sus primeros días fue la de John Houlding, relevante hombre de negocios

propietario de una empresa cervecera y más tarde alcalde de Liverpool, quien consiguió que el equipo jugase primero en Stanley Park, luego en Priory Road y ya en 1884 en Anfield, de cuyos terrenos era propietario.

El primer partido del Everton en el mítico estadio se jugó el 28 de septiembre de 1884 contra el Earlestown y se saldó con una contundente victoria por 5-0. Desde su llegada a Anfield, el equipo no paró de crecer, con audiencias que superaban los 8000 espectadores. Pero una disputa entre Houlding y la directiva del Everton, en principio por la elevada renta que pagaban por el estadio, terminó con la mudanza del equipo a Goodison Park.

El siguiente movimiento del empresario fue registrar un nuevo equipo para que ocupase el solitario y vacío estadio de Anfield. Así fue como fundó el Everton Football Club and Athletic Grounds Company, con la intención de retener el nombre de Everton para su nueva aventura. La empresa no fructificó y el 15 de marzo de 1892 decidió adoptar el nombre de Liverpool Football Club, el segundo gigante de la ciudad.

Manchester, que tuvo sus más y sus menos con el *mob football*, recuperó un fútbol informal jugado esporádicamente en las calles en fechas señaladas durante la década de 1840 y que después se desplazó a espacios públicos como el parque Harpurhey, volviéndose algo más habitual. Convertido en una actividad casi diaria, comenzaron a establecerse las primeras asociaciones.

El primer club dedicado al fútbol en Manchester fue el Hulme Athenaeum, establecido en noviembre de 1863 y habitual de Moss Side. El encargado de poner en marcha el equipo fue Sir William Thackeray Marriott, diácono de la iglesia de St. George y firme defensor de los derechos de la clase trabajadora. El club desapareció en 1873, dejando paso a otros conjuntos como el Manchester Wanderers o el Manchester

Association, que practicaron el fútbol, o el Birch y el Free Wanderers, centrados en el rugby.

Los dos grandes equipos de Manchester también encontraron sus orígenes en la clase trabajadora y en la iglesia.

El Newton Heath L&YR Football Club se formó en 1878 por los empleados del departamento de carga y mantenimiento de la Lancashire & Yorkshire Railway Company, una de las compañías ferroviarias más importantes de Gran Bretaña, que operaba en el área de Newton Heath. La leyenda de caída y auge del equipo habla de una grave crisis económica, un importante hombre de negocios, un capitán desesperado y su perro.

En enero de 1902 el Newton Heath recibió la orden de liquidación debido a una deuda de más de £2670. Con el objetivo de reunir algo de dinero y salvar al club, Harry Stafford, su capitán, organizó un mercado benéfico en el que perdió a Major, su San Bernardo. El perro lo encontró John Henry Davies, un empresario cervecero que hizo un trato con el futbolista: el San Bernardo para regalárselo a su hija a cambio de una inyección económica para el Newton Heath.

Aquel encuentro casual derivó en una reunión formal en la que Henry Davies lanzó la propuesta de saldar en su totalidad la deuda del club y crear un consorcio con él como máximo responsable. El Newton Heath rompió los escasos hilos que le unían a la ferroviaria, enterró el verde y oro que lució durante tantos años para vestir una camiseta roja y un pantalón blanco, y John Henry Davies se convirtió en su presidente. El 24 de abril de 1902 se renombró al equipo y nació oficialmente el Manchester United.

A pocos kilómetros de Newton Heath se encuentra el distrito de Gorton, que en 1880 era un hervidero con un alto índice de criminalidad, con gente que iba y venía en busca de

trabajo y donde la mayor parte del tiempo se gastaba en el *pub* entre ingentes cantidades de alcohol.

Allí llegaron Arthur Connell, recién nombrado coadjutor de la iglesia de St. Mark's, y su hija Anna Connell, que no tardó en demostrar su preocupación por la deriva tomada por Gorton y la falta de alternativas para hacer frente a la problemática del alcohol y la criminalidad.

Anna encontró en el fútbol la manera de parar el descenso a los infiernos del distrito, y con la ayuda de dos capilleros, William Beastow y Thomas Goodbehere, organizó un equipo para disputar partidos bajo el patrocinio de la iglesia. Así nació el St. Mark's West Gorton FC, el primer y único equipo inglés hasta la fecha fundado por una mujer.

El club se convirtió en West Gorton en 1882, en Gorton AFC en 1884 y en Ardwick AFC en 1887. Las pobres finanzas del equipo llevaron a una reorganización total oficializada el 16 de abril de 1894 con el registro del Manchester City. Fue el inicio de un club que ha necesitado reivindicarse en fechas recientes, acusado continuamente de no tener historia.

Para cuando se establecieron Everton, Liverpool, Manchester United y Manchester City, el mapa de Inglaterra ya indicaba que no quedaba rincón en el que no se hubiesen levantado uno, dos o tres equipos. Incluso cuatro. Entonces el fútbol ya había vivido dos importantes hitos en mitad de una imparable expansión, que acabaron por elevarlo al trono de los deportes de masas, mientras esperaba enfrentarse al cambio definitivo que lo transformase en un juego profesional. Fueron los días del primer partido internacional de la historia, del establecimiento de la FA Cup y del empeño de William Sudell de hacer del Preston North End el mejor equipo del país.

# CAPÍTULO 16

# EL PRIMER PARTIDO INTERNACIONAL

Hoy pocos recuerdan a Robert Crawford y Alfred Baker.

El primero, de nombre completo Robert Erskine Wade Copland-Crawford, nació en Elizabeth Castle, en Jersey, asistió a Harrow y fue jugador del Harrow Chequers y el Wanderers. Una vez retirado del fútbol sirvió en la guerra anglo-afgana y fue oficial de policía en Sierra Leona, donde se le acusó de asesinar a uno de sus sirvientes y se le sentenció a prisión en 1889. Su delicado estado de salud y su repatriación a Inglaterra evitaron que cumpliese la condena completa. Murió solo unos años después.

Alfred Baker, nacido en Londres, no tuvo mejor final. Jugador del No Name y del Wanderers, se dedicó a las subastas, dirigiendo su propia firma cuando se retiró del fútbol. Murió el 3 de abril de 1900 de un infarto mientras corría para no perder el tren en la estación de Willesden Junction.

Crawford anotó el primer gol de la historia en un partido internacional. Baker firmó el segundo. Crawford lo hizo para Escocia a los 75 minutos y Baker para el empate de Inglaterra al borde del final. Aquel encuentro tuvo lugar el 5 de marzo

de 1870, pero muy pocos lo recuerdan. Si ese partido ha quedado casi sepultado por el paso del tiempo, es lógico que no hayan corrido mejor suerte sus dos principales protagonistas. Sobre todo porque la fecha que ha quedado fijada para la posteridad es la del 30 de noviembre de 1872, la del primer partido internacional oficial de la historia. Al menos así lo reconoce la FIFA.

Digamos que para que existiese aquel enfrentamiento tuvo que darse primero un banco de pruebas. Aunque nadie reclamó un reconocimiento personal por lanzar la idea de un partido internacional, es indudable que una vez más la figura de Charles Alcock estuvo muy presente.

El primer anuncio al respecto se publicó en *The Field* el 22 de enero de 1870, en el que se notificaba la celebración de un partido entre representantes ingleses y escoceses el 19 de febrero en The Oval con el patrocinio de la Asociación y bajo su reglamento. Los interesados en participar debían contactar con Charles Alcock o Robert Graham para formar parte del combinado inglés o con James Kirkpatrick o Arthur Kinnaird para integrar el conjunto escocés.

Todos y cada uno de los miembros de la selección inglesa eran jugadores de los Wanderers, aunque en la alineación que se entregó a la prensa se maquilló un tanto la situación, haciendo ver que se escogió a los candidatos de entre una amplia variedad de equipos, todos del área de Londres. Por ejemplo, el propio Charles Alcock apareció como futbolista del Old Harrovians.

El equipo quedó compuesto por Alfred Thornton, Edward Bowen y Parry Crake, todos estudiantes de Harrow junto a Alcock, Edgar Lubbock, que más tarde sería nombrado director del Banco de Inglaterra, Evelyn Freeth, Alexander Nash, J. C. Smith, Alfred Baker, Walpole Vidal, que entonces contaba con tan solo 16 años y William Butler, que fue escogido a última hora tras la retirada de Thomas Hooman y que era el único que en realidad no pertenecía a los Wanderers.

Kirkpatrick y Kinnaird también conformaron una selección con base en Londres, aunque con un detalle al que entonces no se le dio demasiada importancia. Ninguno de sus futbolistas convocados había nacido en Escocia, a excepción de Muir Mackenzie, pero sí que tenían raíces escocesas[64].

Su equipo quedó compuesto por lo que se denominó la defensa parlamentaria, integrada por William Henry Gladstone y John Wingfield Malcolm, dos miembros del Parlamento, el primero hijo mayor del Primer Ministro William Ewart Gladstone. Junto a ellos Robert Crawford, George C. Gordon, los hermanos William y Charles Baillie-Hamilton, William Lindsay y Alexander Morten, que jugaría representando a Inglaterra en el segundo partido internacional.

El encuentro se jugó finalmente el sábado 5 de marzo de 1870, después de que un fuerte temporal obligase a suspender cualquier tipo de actividad deportiva en Inglaterra durante buena parte del mes de febrero. El partido, que reunió alrededor de 600 personas, finalizó con el consabido empate a uno y generó un interés inesperado.

Por primera vez, una crónica de un partido jugado en Londres bajo las reglas de la FA atrajo la atención de los lectores escoceses. Hubo incluso un artículo en Australia y en dos meses la noticia llegó al otro lado del mundo[65]. Aunque no faltaron las críticas a la composición de la selección de Escocia, aquel éxito debía conllevar una empresa mayor: celebrar un partido anual. Al menos, así lo reflejó Charles Alcock en las páginas de *The Field*.

---

64 Arthur Kinnaird y James Kirkpatrick, nacidos en Londres y Canadá, también tenían raíces en Escocia. La familia de Kinnaird pertenecía a la nobleza escocesa y la de Kirkpatrick también poseía títulos nobiliarios en Dumfriesshire.

65 Mitchell, Andy. *First Elevens: The Birth Of International Football* (Andy Mitchell Media, 2012).

El sábado 19 de noviembre de 1870, Inglaterra y Escocia se enfrentaron de nuevo en The Oval con victoria 1-0 para los ingleses. Una vez más, el combinado escocés, liderado por James Kirkpatrick y Arthur Kinnaird, no estaba compuesto exclusivamente por futbolistas nacidos en Escocia. Tan solo tres de las siete nuevas incorporaciones eran escoceses de cuna: Henry William Primrose (Dalmeny), Francis Congreve (Danevale) y Robert Smith (Aberdeen), que además era el único perteneciente a un club escocés, el Queen's Park. Charles Nepean y Quentin Hogg habían nacido en Londres, William Bailey en Melbourne (Derbyshire) y George Kennedy en Bath.

Aún se celebraron otros tres encuentros internacionales más en The Oval, todos ellos considerados no oficiales, que tampoco contaron con un combinado escocés compuesto íntegramente por jugadores nacidos en el país: el 25 de febrero de 1871 (1-1), el 18 de noviembre de 1871 (2-1) y el 24 de febrero de 1872 (1-0).

El hito de llevar el fútbol al plano internacional —de momento se puede entrecomillar— fue un paso muy importante en la expansión del deporte, aunque todavía faltaban aristas por pulir. Principalmente, el foco de los cinco encuentros no oficiales se puso en la composición del 11 escocés, una situación que Charles Alcock se propuso solucionar. Del mismo modo, se llamó la atención sobre la formación inglesa, organizada alrededor de Londres y obviando jugadores de otras zonas, con Charles Clegg como única excepción en el último de los cinco encuentros disputados hasta la fecha.

La Scottish Football Association no se fundó hasta marzo de 1873, pero ya el Queen's Park, el club formado en 1867, contaba con el suficiente poder e influencia como para hacerse con la responsabilidad de albergar el primer partido internacional en Glasgow y seleccionar el 11 escocés. A través de su secretario, Archibald Rae, se convocó a 17 posibles jugadores, todos miembros del Queen's Park.

La selección anfitriona quedó conformada por el portero y capitán Robert Gardner, William Ker, Joseph Taylor, James Thomson, James Smith, Robert Smith, Robert Leckie, Alex Rhind, Billy MacKinnon, Jerry Weir y David Wotherspoon. 11 jugadores nacidos en Escocia. 11 jugadores pertenecientes a un equipo escocés. Arthur Kinnaird, que jugó los cinco anteriores partidos, se quedó fuera, a pesar de ser considerado como alternativa hasta el último momento.

Charles Alcock solucionó parte del problema. Faltaba dar forma a un 11 inglés que no mirase únicamente a Londres. Entonces la FA andaba algo ocupada. Primero con su tira y afloja con Sheffield por el tema del reglamento. Seguían siendo días de intensos debates y de algún que otro viaje a Bramall Lane para probaturas de normas en partidos sepultados en el más oscuro de los olvidos. Pero Alcock se comprometió a dar un 11 competitivo y variado más allá del Wanderers, y así lo hizo. De hecho, fue él mismo el que se quedó fuera de la alineación. Dos semanas antes del gran partido, Charles Alcock cayó lesionado de gravedad en un partido amistoso entre antiguos alumnos de Eton y Harrow. Fue el principio del fin de su carrera.

El 11 de Inglaterra lo formaron Robert Baker (Hertfordshire Rangers), Harwood Greenhalgh (Notts County), Reginald Welch (Wanderers y Harrow Chequers), Frederick Chappell (Oxford University), John Maynard (1st Surrey Rifles), John Brockbank (Cambridge University), Charles Clegg (Wednesday), Arnold Smith (Oxford University), Cuthbert Ottaway (Oxford University), Charles Chenery (Crystal Palace) y Charles Morice (Barnes).

El evento se promocionó convenientemente, con carteles y anuncios en los periódicos. El lugar elegido para el encuentro fue el Hamilton Crescent de Partick, en Glasgow, un campo de críquet que, a pesar de la torrencial lluvia que cayó los días previos, estaba en unas más que dignas condiciones. La entra-

da costó un chelín (las mujeres entraron gratis) y el Queen's Park corrió con todos los gastos, incluida la cena posterior en el Carrick's Royal Hotel.

El partido comenzó a las 14:15, con retraso. Escocia vistió camiseta azul oscuro con el león rojo estampado como escudo, pantalón blanco y medias de rayas azules y blancas. Inglaterra lució su hoy clásica camiseta blanca con el escudo de armas a la izquierda y pantalón y medias blancas. El empate a cero lo presenciaron 4000 personas, según las crónicas. Era el 30 de noviembre de 1872. Un día histórico para el fútbol. Otro más.

# CAPÍTULO 17
# LITTLE TIN IDOL

El 20 de julio de 1871, Charles Alcock, entonces secretario de la Football Association, propuso la formación de un torneo que, sin duda, ayudaría aún más a la expansión del fútbol y fortalecería a la Asociación. Basándose en su experiencia en el formato de *knockout*, que jugó en sus días como estudiante de Harrow y en la Youdan Cup disputada en Sheffield, el pequeño de los Alcock aseguró que la nueva competición animaría a los clubes a seguir los designios de la FA y subiría un nivel la competitividad al contar con el aliciente de un trofeo para el ganador. Hasta la fecha, el calendario futbolístico estaba gobernado por partidos amistosos que, en la mayoría de los casos, no tenían ningún interés.

Charles Alcock se arriesgó a continuar con su movimiento y conformó un comité que contó con Alfred Stair, Charles William Stephenson, Morton Peto Betts y Francis Marindin, todos ellos futbolistas y fervientes defensores de su idea[66]. Fue

---

66 Alfred Stair jugó para el Upton Park y el Wanderers, además de ser tesorero de la FA y arbitrar las tres primeras finales de la FA Cup. Charles William Stephenson, educado en Westminster, pasó por el Wanderers y el Barnes. Morton Peto Betts estuvo en las plantillas del Harrow Chequers, Wanderers y Old Harrovians. Francis Marindin, fundador del Royal Engineers, donde ejerció de capitán, fue también árbitro y presidente de la Football Association de 1874 a 1890.

así como nació la Football Association Challenge Cup, más conocida como FA Cup. El torneo más antiguo del mundo.

Aunque por entonces la Asociación contaba con 50 miembros, solo 15 entraron en el torneo (Barnes, Crystal Palace, Hitchin, Civil Service, Maidenhead, Marlow, Upton Park, Clapham Rovers, Queen's Park, Donington School, Royal Engineers, Reigate Priory, Wanderers, Harrow Chequers y Hampstead Heathens) y 3 de ellos no jugaron ni un solo partido. No puede decirse que la convocatoria fuese un éxito. No obstante, todo estaba decidido y no había marcha atrás. El 11 de noviembre de 1871 arrancó la nueva competición, aunque el caos que acompañó a su primera edición no era la mejor tarjeta de presentación si lo que pretendía Alcock era que el torneo perviviese en el tiempo.

El formato copero estableció una primera ronda con 14 equipos, después de que al Hampstead Heathens se le concediese acceder directamente a la siguiente fase, lo que se conoce como *bye*. Quedaron entonces siete emparejamientos, aunque solo se disputaron cuatro partidos. El Barnes ganó 2-0 al Civil Service, el Maidenhead hizo lo propio contra el Marlow con el mismo resultado y el Upton Park cayó en casa 0-3 frente al Clapham Rovers. El comité de la FA permitió que Hitchin y Crystal Palace accediesen a la siguiente ronda tras su empate a cero, se clasificaron Royal Engineers y Wanderers después de que sus contrincantes, Reigate Priory y Harrow Chequers, se retirasen del torneo, y accedió a que Queen's Park y Donington School participasen en la segunda fase una vez que ambos equipos fueron incapaces de acordar una sede para su enfrentamiento.

La segunda ronda fue algo mejor, aunque no estuvo exenta de anécdotas. Queen's Park y Donington School quedaron emparejados de nuevo. En esta ocasión, el club representante de la escuela se retiró del torneo y permitió a los escoceses acceder a los cuartos de final sin jugar todavía un solo partido.

El resto de encuentros se disputaron con sus más y sus menos. El Royal Engineers ganó sin ningún problema a un Hitchin que solo pudo alinear a ocho jugadores, y el empate a un gol entre Barnes y Hampstead Heathens llevó a la Football Association a ordenar un *replay*, el primero en la historia de la competición, que cayó del lado de los Heathens.

El Queen's Park se plantó en semifinales sin que ninguno de sus jugadores pusiese un pie en un terreno de juego: en la tercera ronda recibió un *bye*. Quedaban entonces en pie cuatro equipos para unos cuartos de final celebrados el 20 de enero de 1872. El Royal Engineers venció 0-3 a un Hampstead Heathens que acabó por desaparecer a finales de ese mismo año, mientras que Wanderers y Crystal Palace pasaron de fase tras un 0-0 que no tuvo *replay*.

Para las semifinales, Alcock pensó que The Oval era el enclave perfecto para celebrar los partidos. Inaugurado en 1845 para albergar los encuentros del Surrey County Cricket Club, el estadio de Kennington, en el sur de Londres, pasó a ser la sede oficial de la última fase copera. Exceptuando la de 1873, que se disputó en el Lillie Bridge, The Oval acogió la final de la FA Cup hasta 1892. Todavía habría que esperar 31 años para que Wembley abriese sus puertas al último partido del torneo más antiguo del mundo[67].

Los dos encuentros de semifinales finalizaron con un empate a cero, por lo que se celebraron unos *replays*. El Royal Engineers se plantó en la final venciendo 3-0 al Crystal Palace y el Queen's Park, que jugó su primer encuentro de la edición contra el Wanderers, se retiró alegando que no podía permitirse económicamente otro viaje desde Glasgow para un segundo partido.

---

67  La primera final de la FA Cup disputada en el estadio original de Wembley se disputó el 28 de abril de 1923 (Bolton Wanderers 2-0 West Ham United). Hasta entonces, una vez que se abandonó The Oval en 1892, la final copera pasó por Fallowfield (1893), Goodison Park (1894 y 1910), Burnden Park (1901), Old Trafford (1911 y 1915), Bramall Lane (1912), Stamford Bridge (1920-1922) y el Crystal Palace londinense, que albergó 21 finales entre 1895 y 1914.

La primera final de la historia de la FA Cup se disputó el 16 de marzo de 1872 delante de 2000 espectadores y enfrentó a Wanderers y Royal Engineers, representantes de dos formas de entender el fútbol. Los Wanderers, capitaneados precisamente por Charles Alcock, practicaban un juego centrado en las habilidades individuales de sus jugadores para el *dribbling*. Los Royal Engineers, liderados por Francis Marindin, fueron pioneros del pase del *Combination Game*.

A los 15 minutos de partido, Morton Peto Betts, que jugó bajo el pseudónimo de A. H. Chequer, anotó el primer y único gol de la final, aprovechando un rechace tras una carrera de su compañero Walpole Vidal[68]. Los Wanderers aún pudieron anotar un par de tantos más mientras los Royal Engineers hacían lo posible por evitar las embestidas de sus rivales, pero no volvieron a ver puerta.

Cuando Alfred Stair, el árbitro de la contienda, pitó el final del partido, los jugadores de ambos equipos se dieron la mano mientras sonreían y se preguntaban por la deriva de su vida y sus respectivos negocios, como caballeros. El Wanderers había ganado la primera final de la FA Cup de la historia. Y no sería la única. El equipo levantó la copa de 1873 con victoria 2-0 contra el Oxford University (ya sin Charles Alcock, pero con Arthur Kinnaird); la de 1876 frente al Old Etonians, al que ganaron 3-0 en el *replay*; la de 1877 que les enfrentó de nuevo al Oxford University y que acabó con el resultado de 2-1; y la de 1878, que cerró el círculo con un 3-1 a sus primeros rivales, el Royal Engineers.

Lejos de los excesos ceremoniales actuales, los Wanderers recibieron su trofeo en el restaurante Pall Mall de Londres de

---

68 El motivo por el que Morton Peto Betts jugó bajo pseudónimo es desconocido. Habitualmente se señala que lo hizo porque al comienzo de la competición era jugador del Harrow Chequers y quiso evitar problemas que le impidiesen formar con otro club. La afirmación no se sostiene ya que en estos primeros días del fútbol, debido a su estatus amateur, no era obligatorio que los equipos registrasen formalmente a sus jugadores. Además, se dio el caso que, en esta primera edición de la FA Cup, Cuthbert Ottaway jugó también para dos clubes diferentes sin ningún tipo de problema.

manos de Ebenezer Cobb Morley, cuatro semanas después de la final, el 11 de abril de 1872[69].

El diseño original se conoció popularmente como Little Tin Idol ya que estaba coronado por la figura de un futbolista. Realizado en plata por la firma Martin, Hall & Co., medía algo más de 45 centímetros y costó £20. El trofeo fue visto por última vez el 11 de septiembre de 1895.

Tras la final de aquel año, que se llevó el Aston Villa después de ganar 1-0 al West Bromwich Albion, la copa fue expuesta para disfrute de los aficionados en el escaparate de la tienda de material deportivo de William Shillcock en Birmingham. La noche del 11 de septiembre, dos o quizá tres ladrones entraron en el local y se hicieron con el trofeo, que presumiblemente fue fundido para fabricar monedas de media corona. A pesar de la recompensa de diez libras que ofreció la policía a cualquiera que tuviese información sobre lo ocurrido, el caso nunca se resolvió. La Football Association multó con £25 al Aston Villa, que sirvieron para fabricar una réplica de la copa.

Más de 60 años después, un criminal de los bajos fondos llamado Henry James Burge confesó haber participado en el robo junto a otros dos hombres. Burge posó para la portada del *Sunday Pictorial* del 23 de febrero de 1958 con una ganzúa con la que, según su versión de la historia, forzó la puerta de la tienda de Shillcock.

Con los informes de la época no se pudo demostrar que aquel hombre cometiese el delito, por lo que el caso se cerró definitivamente en 1959. Por entonces, Burge cumplía siete años de prisión por el robo de varios automóviles. Fue puesto en libertad en 1961 y murió tres años después en un asilo.

---

69  La tradición de entregar el trofeo al ganador una vez terminado el partido no comenzó hasta la final de 1882, que enfrentó a Old Etonians y Blackburn Rovers (1-0).

Como Charles Alcock predijo, la FA Cup supuso el impulso que la Asociación necesitaba. Tanto a nivel de liderazgo como a nivel normativo. La competición se estableció como la referencia indiscutible del país, pasando de contar con una terna de equipos mayoritariamente de Londres a dar cabida a clubes de toda Inglaterra, lo que aumentó su atractivo. En el plano regulador, la competición sirvió a Alcock y Morley para establecer algunas normas de conducta básicas para el buen funcionamiento del torneo, que acabaron imponiéndose a nivel nacional y que hoy son de sobra conocidas.

Nunca se especificó con anterioridad, así que la FA Cup supuso la introducción de los 11 futbolistas por equipo después de que el Maidenhead y el Marlow se presentasen a su primer duelo del torneo (11 de noviembre de 1871) con 15 jugadores, el número con el que solían disputar sus encuentros. Del mismo modo, se estableció la duración de los partidos en 90 minutos (hasta la fecha los equipos solían pactar el tiempo), comenzaron a designarse árbitros y se decretó el tamaño del esférico. El Lillywhite Nº 5 fue el primer balón oficial de la competición[70].

En un plano más diplomático, el torneo sirvió para allanar el camino con respecto a las relaciones con la Sheffield Association y establecer un mayor contacto. La unión se extendió después a otras zonas, conformándose un nexo entre la FA y las diferentes organizaciones regionales que se plegaron al órgano londinense. En 1875 se formó la Asociación de Birmingham, seguida de Staffordshire y Surrey (1877), Cheshire y Lancashire (1878), Northumberland & Durham (1879), Lincolnshire y Norfolk (1881), Nottinghamshire (1882), Derbyshire (1883), Cambridgeshire y Oxfordshire (1884) y otras 20 organizaciones más hasta finales de la década de 1890.

---

70  La norma de la FA estableció que el balón debía tener una circunferencia comprendida entre los 68.5 y los 71cm (27-28 pulgadas). El Lillywhite Nº 5 se utilizó previamente en el partido entre Londres y Sheffield de 1866.

Casi 30 años después de su fundación en la Freemason's Tavern, la Football Association ya podía presumir de ser el centro nacional del fútbol.

# CAPÍTULO 18
# EL DINERO LO CAMBIA TODO

William Sudell se hizo cargo del banquillo del Preston North End en 1881. Atractivo y de complexión atlética, los más cercanos le llamaban Billy, pero en la esfera futbolística todos lo conocían como Mayor William, un título militar ganado a pulso en el ejército británico.

El Preston North End abrazó el fútbol en 1880 después de probar suerte con el rugby y de fundarse originalmente como equipo de críquet, aunque su primera temporada junto al balón redondo fue catastrófica. Un 6-0 frente al Turton o una humillante derrota 16-0 contra el Blackburn Rovers no eran presagio de un futuro brillante. Pero su progresión y mejora fueron meteóricas. En la temporada 1882-83 el Preston perdió solo 3 partidos de 35, anotando 211 goles y encajando 61. Para el verano de 1883 ya vestía la etiqueta de mejor equipo de la zona de Lancashire. El Mayor William fue el principal culpable de aquella ascensión.

Sudell tomó buena nota del potencial económico del fútbol fijándose en el éxito de sus vecinos del Darwen, Bolton Wanderers o Blackburn Rovers. Su objetivo, una vez negociada la renta del estadio de Deepdale, fue convertir al Preston North End en el primer equipo profesional de fútbol. La idea

del Mayor William era tan arriesgada como poco novedosa: que los jugadores cobrasen por jugar. Pero el flujo de dinero en tiempos del amateurismo era considerado un pecado mortal que atacaba a la verdadera esencia del juego.

Los pagos a los futbolistas aparecieron a mediados de la década de 1870, cuando los campos comenzaron a llenarse. Fue un proceso que arrancó con algo de dinero para gastos, continuó con el pago del salario correspondiente por el tiempo perdido en el trabajo y se estancó con las ofertas para trabajar en fábricas locales a cambio de jugar con el equipo de turno. Aquellas maniobras eran fáciles de ocultar, pero todo se volvió muy complicado de esconder cuando los clubes comenzaron a importar jugadores de otros lugares.

La mayoría de los primeros "profesionales" llegó de Escocia, y se considera al primero de una larga lista a Jimmy Lang, un trabajador del astillero de Glasgow que se unió al Sheffield Wednesday a principios de la temporada 1876-77. El club no le pagaba directamente, pero a Lang se le ofreció un puesto en una fábrica de cuchillos de Sheffield propiedad de Walter Fearnehough, uno de los miembros de la junta directiva del equipo. Allí no tuvo ninguna tarea relacionada con la cuchillería y la mayor parte del tiempo se dedicó a tomar café y leer el periódico. Hacia el final de su carrera confesó en una entrevista que no había llegado a Inglaterra para jugar por nada[71].

Lancashire fue el verdadero semillero del profesionalismo. Allí aterrizaron los populares Fergus Suter y Jimmy Love para jugar en el Darwen y engordar la lista de "profesores escoceses", el nombre que recibieron los futbolistas llegados de Escocia y que tuvo mucho que ver con la dicotomía entre el estilo de juego directo inglés y el combinativo que practicaban sus vecinos.

---

71  Curry, Graham. "Playing for money: James J. Lang and emergent soccer profesionalism in Sheffield", Soccer Society, vol. 5 (2004).

Suter y Love formaron una reconocible dupla al mismo tiempo que allanaban el camino del profesionalismo, quizá de manera involuntaria. Ambos acabaron en la nómina del Darwen por diferentes razones y siendo reconocidos oficialmente como los primeros profesionales de la historia. Jimmy Love llegó al club inglés huyendo de Glasgow: estaba en la ruina, endeudado y sobre él pesaba una orden de arresto. Fergus Suter probablemente perdió su trabajo como cantero y no pudo rechazar la oferta que le llegó de la próspera zona de Lancashire: William Kirkham, ligado al Partick, el club donde jugaba junto a Love, le convenció para trabajar y jugar al fútbol en Darwen.

Con los dos escoceses en su alineación, el de Lancashire fue el primer equipo del norte de Inglaterra en conocer el éxito en la FA Cup. Alcanzaron los cuartos de final en 1879, lo que derivó en su sonado enfrentamiento contra el Old Etonians: su primer duelo en The Oval terminó 5-5, el primer *replay* finalizó con un empate a dos y el segundo *replay* acabó con la victoria de los Etonians por 6-2.

No obstante, la importancia de aquella gesta de resistencia ha quedado relegada históricamente a un segundo plano por las circunstancias bajo las que jugaron Fergus Suter y Jimmy Love. Dos futbolistas que recibieron dinero por jugar en un tiempo en el que estaba estrictamente prohibido. El partido contra el Old Etonians le dio un buen empujón de popularidad al Darwen, aunque por aquel entonces la prensa no hizo mención alguna al supuesto salario que recibían los dos jugadores llegados de Escocia. El 13 de diciembre de 1902, en una entrevista al *Lancashire Daily Post* 13 años después de retirarse, Fergus Suter subrayó que no tenían una suma de dinero fijada, pero que nunca tuvieron ninguna dificultad: "si pedíamos diez libras, nos daban diez libras"[72]. En su día corrió el rumor de que el que fuese cantero de Glasgow recibió £100

---

72  Mitchell, Andy. "From Partick with Love: the story of Jimmy Love and Fergie Suter, the first professional footballers", *Scottish Sport History* (2016).

en 1880 por abandonar el Darwen para jugar en el Blackburn Rovers, el club con el que ganó la FA Cup en 1884, 1885 y 1886.

Sudell, buen conocedor de todo lo que sucedía alrededor de un mundo en continua evolución como el del fútbol, tuvo muy en cuenta a aquellos a los que llamaban "profesores escoceses". Sería la primera piedra sobre la que levantar un equipo para la historia. Dos hombres fueron muy importantes para el entrenador del Preston a la hora de acometer su empresa.

El primero fue James Gledhill, estudiante de medicina en la Universidad de Glasgow, futbolista junto a Suter en el Darwen y uno de los primeros interesados en la táctica. Acompañado siempre de una pizarra, cuando dejó el deporte solía dar largas charlas sobre lo que entendía que debía ser un equipo, y, sin duda, sus divagaciones influenciaron a un joven Sudell. Un día, Gled-hill desapareció sin dejar rastro.

El segundo hombre fue James McDade, el primer escocés que puso un pie en el Preston North End. Procedente de Neilston, no solo fue un gran jugador, sino que pronto dejó al descubierto su talento para el entrenamiento y la táctica.

Sudell combinó la capacidad de McDade con los estudios de Gledhill para pulir a los jugadores locales que se unieron al Preston. El siguiente paso consistió en utilizar sus contactos para viajar a Escocia y captar a los futbolistas más talentosos. El problema fue que resultó complicado convencerlos para unirse a un equipo todavía en construcción sin ningún éxito reseñable. La solución del Mayor William: procurar trabajo a los chicos con un suplemento a su salario por su actividad como futbolistas. Así fue como llegaron al equipo Jimmy "Little Demon" Ross y su hermano Nick, David Russell, Johnny Graham o George Drummond, las piedras angulares de un proyecto que alcanzó la gloria.

Para mayo de 1883, los chicos de Sudell experimentaron una notable mejoría, fruto del trabajo teórico de McDade y de las tablas sobre el terreno de juego de los escoceses. Mientras el Preston North End evolucionaba, el panorama estaba cambiando. El 31 de marzo de 1883, el Blackburn Olympic se proclamó campeón de la FA Cup, al derrotar 2-1 al Old Etonians. Era el primer equipo del norte de Inglaterra y el primero de la clase obrera en alzar el título. Pero el revuelo alrededor del equipo liderado por Jack Hunter no estuvo exclusivamente centrado en su éxito sin precedentes. Aunque los pagos ilegales a jugadores llevaban un tiempo flotando en el ambiente, el triunfo del Blackburn Olympic levantó mucha polvareda. No solo habían ganado la FA Cup. Lo habían hecho frente a los caballeros del Old Etonians.

Los equipos del sur afiliados a la FA, y algún que otro periodista, intensificaron la presión a la Asociación para que investigase las finanzas de los clubes del norte. El foco se puso en el viaje que realizó el Blackburn Olympic a Blackpool para entrenar en los días previos a la final contra el Old Etonians. ¿Cómo era posible que aquel grupo conformado por obreros pudiese ausentarse tantos días de su trabajo? La única explicación era que el club les pagase una suma de dinero como compensación.

A pesar de las continuas llamadas de atención, la FA decidió no tomar ningún tipo de acción contra el Blackburn Olympic ni contra ningún otro club. Fue la última vez que se mantuvo al margen.

# CAPÍTULO 19
# SHEFFIELD ZULUS

El 19 de enero de 1884 el Preston North End recibió al Upton Park en Deep-dale para la cuarta ronda de la FA Cup. A pesar de que los locales se adelantaron a los tres minutos de partido y parecían tenerlo todo bajo control, el conjunto de Londres logró empatar en la segunda mitad y forzó el *replay* que, si todo iba bien, se jugaría siete días después. Pero ocurrió que William Sudell recibió una carta a la mañana siguiente. La firmaba Charles Alcock:

> "Es mi deber informarle que hemos recibido una protesta formal del Upton Park FC contra su club, en referencia a la práctica del profesionalismo. Se tratará debidamente, bajo su presencia, en la próxima reunión de la Asociación de Fútbol".

La importancia del Mayor Sudell en esta historia reside en que cuando el comité de la FA le citó para declarar sobre las presuntas irregularidades de su equipo, no negó los pagos a los jugadores. ¿Para qué negar algo que llevaba tanto tiempo siendo más que evidente? Su franqueza provocó un imprevisible giro de los acontecimientos y, a partir de ahí, todo se desmoronó como un castillo de naipes.

El Preston North End fue acusado de violar la regla número 15 de la FA, que rezaba que el club sospechoso de realizar cualquier tipo de pago a sus jugadores o a miembros de su *staff* sería expulsado de las competiciones en curso y de la Asociación con efecto inmediato. La norma se introdujo en 1882 después de la polémica organizada alrededor del Sheffield Zulus.

Con un período de vida muy corto, los Sheffield Zulus fueron uno de los equipos más curiosos que vieron la luz en la Inglaterra Victoriana. Su origen se enmarca en la guerra anglo-zulú, iniciada en 1879, que enfrentó al ejército británico contra el pueblo zulú, un conflicto que se agravó cuando Cetshwayo comenzó a eliminar a sus hermanos para preparar su ascenso al trono una vez muerto Mpande, su padre. Cuando Cetshwayo tomó el poder, armó su ejército para evitar cualquier tipo de problema en las fronteras en el momento de la expansión británica, cuyo plan de organizar una federación de estados se vio obstaculizado por la República de Natal y el reino zulú.

Todo ello desembocó en una primera invasión británica que tuvo su punto álgido en la batalla de Isandhlwana y que terminó en el enfrentamiento de Ulundi. La guerra anglo-zulú dejó más de 9000 muertos, 2000 de ellos soldados británicos.

El equipo de los Sheffield Zulus existió desde el mismo año de 1879 e hizo su primera aparición en Scarborough, aunque acaparó toda la atención cuando se presentó en Bramall Lane en un partido que les enfrentó a un 11 representativo de jugadores de la zona. El encuentro, que contó con el patrocinio del ayuntamiento de Sheffield, fue seguido por unas 2000 personas y los Zulus ganaron 5-4.

Bajo el patrocinio de Mr. Brewer of Fargate, el objetivo del equipo era el de recaudar fondos para las viudas y huérfanos de los caídos en la guerra anglo-zulú. Para ello, los Zulus iban ataviados con uniformes totalmente negros y complementos como plumas en la cabeza, collares de cuentas de estilo africano, escudos, lanzas y los rostros pintados de negro con corcho quemado. Incluso antes de los partidos se permitían realizar una danza tribal.

Su alineación estaba formada por jugadores británicos, la mayoría de la zona de Sheffield, quienes sustituyeron su nombre real por un nombre zulú. Thomas Buttery, por entonces con 50 años, se hizo llamar Cetewayo; Arthur Malpass fue Sirayo; Jack Hunter, uno de los futbolistas más relevantes del Blackburn Olympics campeón de la FA Cup, eligió ser Dabulamanzi; Tom Cawley escogió el complicado nombre de Jiggleumbengo; y Jimmy Lang se quedó con el de Magnenda.

El partido disputado en Bramall Lane generó tanto interés que los Sheffield Zulus tuvieron que ampliar su agenda. Hubo después un empate a dos contra el Chesterfield o un 6-0 al Barnsley Victoria & District. El 21 de abril de 1880, el equipo visitó Hampden Park para medirse al Queen's Park, partido que perdieron por 7-0. Más tarde, en la Navidad de aquel año, se midieron al Hibernians y también cayeron derrotados por 6-0.

Los Zulus tuvieron incluso una oferta para realizar un tour por Sudáfrica, pero la FA ya estaba al acecho y no pudieron aceptarla. Su final como equipo estaba muy cerca.

El escándalo salpicó al club de Sheffield tras descubrirse que los futbolistas recibían una serie de pagos tras cada partido. Aquel ataque indiscriminado a la esencia amateur del juego instó a la Football Association a emitir un comunicado el 9 de febrero de 1880 en el que amenazó con la expulsión inmediata de sus respectivos clubes a los futbolistas que tomaran parte en cualquier actividad relacionada con el Sheffield Zulus.

En 1881, William Pierce-Dix, secretario de la Federación de Sheffield y reputado árbitro, fue más allá y puso definitivamente a los Zulus en el punto de mira, logrando la suspensión de todo el equipo. Su acción tuvo un impacto negativo no solo en la escena futbolística de Sheffield, sino también en los clubes que en algún momento habían cedido a alguno de sus jugadores más relevantes.

Los futbolistas fueron readmitidos tras realizar una disculpa pública por participar en los encuentros de los Zulus y haber recibido dinero por ello, y el equipo finalmente cayó. Nunca más se supo de ellos.

# CAPÍTULO 20
# NO ES SOLO UN JUEGO

Tras el polémico partido contra el Upton Park, el equipo de Sudell fue expulsado de la FA Cup, aunque no se le aplicó el castigo completo y se le mantuvo como miembro de la Football Association. Aún así, la sentencia no pudo evitar el terremoto en Lancashire. A los pocos días de la expulsión del Preston North End, un corresponsal del *Preston Herald* denunció que el Burnley pagaba a 8 jugadores, el Halliwell a 10 y el Bolton Wanderers a 15. Eso sin contar con las sospechas que ya pesaban sobre el Blackburn Olympic, el Blackburn Rovers, el Darwen o el Great Lever.

El debate sobre el profesionalismo cayó como una losa en el seno de la FA y, por primera vez, no hubo manera de frenarlo. El ambiente estaba tan caldeado que no iba a bastar con mirar a otro lado o con una pequeña bronca seguida de una palmadita en la espalda sin ninguna consecuencia.

El 11 de febrero de 1884, la FA se reunió para abordar el tema y Charles Alcock no pudo ser más claro. "La hora de legalizar el profesionalismo ha llegado", dijo. De su parte solo tuvo a Arthur Kinnaird. El resto de miembros del comité optó por seguir tensando la cuerda del enfrentamiento entre amateurs y profesionales.

¿Cuál era el problema para que aquellos hombres no pudiesen ganar dinero jugando al fútbol? Los partidarios del amateurismo se agarraron como a un clavo ardiendo a dos argumentos para defender su postura.

Primero: una vez que el dinero entrase en escena, la esencia del juego quedaría destruida. La mayoría de críticos del profesionalismo eran firmes creyentes de que los equipos que decidieron pagar de una u otra manera a sus futbolistas eran menos respetuosos con las normas del juego y con aquellos que velaban por ellas, los árbitros y *umpires*. Hasta el público que acudía a los partidos les parecía mucho peor. No es necesario decir que no hay ninguna tesis válida que sostenga que los futbolistas profesionales fuesen más sucios que los amateurs.

El segundo punto que defendieron es que el profesionalismo llevaría irremediablemente a la corrupción. Si a un futbolista se le pagaba para ganar un partido, no dudaría en aceptar dinero para perderlo. Sobre aquel razonamiento pesaba mucho la idea de dejar demasiado poder en manos de las casas de apuestas y su capacidad de amañar encuentros. En ese aspecto no tenían más que mirar al críquet y ver cómo funcionaba su aspecto profesional ligado al negocio de las apuestas, aunque es cierto que en el otro lado de la balanza se encontraba el boxeo, en plena decadencia precisamente por la unión apuestas-profesionalismo, que había llevado a numerosos amaños de combates.

Pero bajo esos argumentos subyacía el verdadero problema: un conflicto de clases. Hasta entonces, el fútbol había sido un juego amateur dominado por caballeros. El aumento de los futbolistas y clubes que abrazaban el profesionalismo ponía en riesgo aquel dominio. Y eso era algo que no estaban dispuestos a permitir.

En el verano de 1884, la facción contraria a la legalización del profesionalismo controlaba los movimientos de la FA. Entre los hombres fuertes se encontraban Nicholas Lane Pa Jackson y Charles Clegg, dos figuras con el suficiente poder e influencia como para tirar por tierra cualquier acción contra el fútbol amateur.

Nacido en Hackney, Pa Jackson era entonces subsecretario de la FA. Dirigió las investigaciones en el caso del Preston North End y se encargó personalmente de reunir pruebas en Escocia para montar la acusación contra el equipo de Sudell. Contrario a la democratización del fútbol, formó y capitaneó el Finchley FC en 1877 y fundó el Corinthian Football Club, el equipo amateur más importante de la historia[73].

De fuertes convicciones religiosas, Charles Clegg fue un hombre que dedicó toda su vida al fútbol. Jugó para el Sheffield FC, representó a Inglaterra en el primer partido internacional oficial contra Escocia y llegó a arbitrar dos finales de la FA Cup. En el plano administrativo, dirigió la Asociación de Fútbol de Sheffield, ciudad a la que nunca abandonó y en la que ayudó a levantar a sus dos grandes equipos. Junto a su hermano William, fue una de las figuras más importantes del Sheffield Wednesday, hasta convertirse en su presidente, y en 1899 fundó el Sheffield United, que también presidió. Cuando estalló el caso del Preston North End, Charles Clegg tenía una buena posición dentro del consejo de la FA, pero aspiraba a cotas mayores. Y así ocurrió. Fue nombrado director de la

---

73   El Finchley FC se llamó originalmente Finchley Petrels Football Club. Asfixiado por los problemas financieros, se fusionó con el Wingate en 1991, dando lugar al Wingate & Finchley FC, que sigue en activo. El Corinthian FC se estableció el 28 de septiembre de 1882, con la idea de promover el espíritu deportivo alrededor del mundo. Este se basaba en el fair play y en los ideales del amateurismo. En 1939 se unió al Casuals, un equipo londinense formado exclusivamente por antiguos alumnos de Eton, Westminster y Charterhouse, y se formó el Corinthian-Casuals, que actualmente compite en la Isthmian League.

Asociación en 1890 y presidente en 1923[74]. Se le conoció como el Napoleón del Fútbol.

A principios de octubre de 1884 el comité de la FA distribuyó unos formularios entre sus clubes miembros que debían ser exhaustivamente completados con todos los detalles sobre los futbolistas de sus plantillas, incluidos, claro está, cualquier tipo de pagos realizados. La prensa llamó al cuestionario "El Catecismo". William Sudell lo consideró una declaración de guerra. Arthur Kinnaird intentó hacer entrar en razón a los contrarios a la legalización del profesionalismo, consciente de que aquello era un polvorín a punto de estallar. Y no se equivocaba.

Unas semanas después de recibir el formulario, nueve clubes rebeldes liderados por el Preston North End se reunieron en el Commercial Hotel de Bolton con el objetivo de romper lazos con la Football Association y organizar una federación alternativa profesional. Allí estaban el Bolton Wanderers o el Burnley. En un par de días se les unieron 25 equipos más.

La cuerda todavía se siguió tensando otros ocho meses más. La amenaza de fundar lo que se denominó en un principio British Football Association por parte de los clubes rebeldes continuó sobre la mesa, por lo que la única carta que le quedó por jugar a la FA fue la de la rendición, y los contrarios al profesionalismo tiraron definitivamente la toalla.

La nueva era de profesionales tendría controles, por supuesto. Los futbolistas deberían haber nacido a seis millas del campo o las oficinas del equipo que les pagaba o haber vivido en la zona al menos dos años, lo que limitó el valor de la importación de jugadores[75]. Era 20 de julio de 1885, el día en

74 Desde su fundación, la FA siempre ha tenido un presidente como figura representativa (president, en inglés), que desde 1939 es un miembro de la familia real británica. Del mismo modo existe el puesto de Chairman (que también traducimos como presidente) que es la figura que tiene responsabilidades sobre política y normativa. He optado por traducir Chairman como "director" para establecer una mínima diferencia.

75 La denominada norma de "nacimiento y residencia" se eliminó en 1889.

el que se legalizó el profesionalismo y el fútbol cambió para siempre. Para entonces, el deporte surgido de una tradición caótica y violenta había traspasado las fronteras de Inglaterra y se encontraba esparcido por todo el mundo.

# CAPÍTULO 21
# EL IMPERIO DEL BALÓN

Soldados, marineros, funcionarios de las colonias, hombres de negocios, ingenieros y maestros. Hubo un tiempo en el que los británicos parecían estar en todos los sitios, porque en realidad estaban en todos los sitios. Su situación predominante en el proceso de la Revolución Industrial y su posición como uno de los mayores Imperios de la historia les hizo omnipresentes. Así, en pleno período de la denominada Pax Britannica[76], buena parte de sus elementos culturales y sociales dieron la vuelta al mundo. Entre ellos, el fútbol. Llegado un punto, allá donde viajaba un ciudadano británico, aparecía un balón.

En la patria donde comenzó todo, la fundación de la Football Association produjo un efecto dominó que conllevó la creación de la Asociación Escocesa de Fútbol (1873), la Asociación de Fútbol de Gales (1876) y la Asociación Irlandesa de

---

76 Se entiende por Pax Britannica el período comprendido entre 1815 y 1914 y que define el momento de paz relativa que coincide con el auge de la Revolución Industrial y el asentamiento hegemónico del Imperio Británico.

Fútbol (1880)[77]. El 2 de junio de 1886 las cuatro asociaciones se reunieron en Londres con el objetivo de crear un reglamento común para el Reino Unido que sirviese también para el resto del mundo. Aquella asamblea fue el germen de la International Football Association (IFAB) que dio pie al British Home Championship, el torneo de selecciones más antiguo del mundo, que se celebró de 1883 a 1984 entre los cuatro combinados.

Más allá de las Islas, el patrón comenzó a repetirse en cada parte en la que el Imperio respiraba.

El fútbol logró hacerse un hueco en la India, donde el críquet llegó primero y acabó convertido en el deporte nacional. Incluso entró en los Estados Unidos, un país que se decidió por otras disciplinas mucho más populares.

Introducido por los soldados británicos a mediados del siglo XIX, Calcuta fue la casa del fútbol en la India, un deporte que se jugó en sus primeros días entre equipos del ejército. Fue en la capital de Bengala Occidental donde se fundaron algunos precursores, como el Calcuta FC o el Mohun Bagan Athletic Club.

En Norteamérica el interés por el fútbol se concentró en las zonas con una importante comunidad de inmigrantes, principalmente ingleses, escoceses e irlandeses. El Oneida Football Club, fundado en Boston en 1862 por Gerrit Smith Miller, fue uno de los equipos pioneros, y las primeras ligas comenzaron a organizarse a finales de la década de 1880: la Bristol County League (1886), en el área de Fall River, Massachussets; la St. Louis League (1886), en St. Louis, Missouri; y la National Association Football League (1895), surgida en la zona de Nueva

---

77 La Football Association of Wales (FWA) se creó en una reunión en Wrexham que tuvo como objetivo formalizar un acuerdo para un partido contra Escocia. Por su parte, la Irish Football Association (IFA) se formó gracias a siete clubes, cuatro de ellos del área de Belfast: Alexander, Avoniel, Cliftonville, Distillery, Knock, Moyola Park y Old Park. Tras la partición de Irlanda en 1921 se fundó en Dublín la Football Association of Ireland (FAI) con el objetivo de regular el fútbol en la República de Irlanda.

Jersey y que, tras desaparecer en 1899, se reorganizó en 1906 y se compitió hasta 1921.

En Europa el punto de entrada del fútbol fueron los puertos y capitales de Escandinavia y los Países Bajos. Allí el balón contó con lugares urbanizados y bien comunicados y una clase media joven con el suficiente tiempo libre, pero, sobre todo, con la ventaja del sólido establecimiento británico en el Mar del Norte. Por ello no es extraño que los primeros contactos futbolísticos en la zona dejasen postales como la de los marineros ingleses jugando en Copenhague, los trabajadores del textil procedentes de Lancashire pateando un balón en Holanda o los funcionarios de la embajada británica organizando partidos en Estocolmo.

Lugares como Dinamarca, Suecia o Bélgica pronto se revelaron como entusiastas futboleros que no solo recibieron con los brazos abiertos a aquel deporte moldeado en Inglaterra, sino que lo buscaron en sus diversos viajes que tenían como objetivo el trabajo o la educación. En ese aspecto los escolares tuvieron una vital importancia hasta el punto de ser fundamentales en la formación del primer club de la Europa Continental, el Kjøbenhavns Boldklub (1876), y la primera asociación de fútbol europea fuera de las islas británicas, la Unión Danesa de Fútbol (1889).

Poco a poco la expansión del fútbol llegó a países como Alemania, Francia, Italia o España, donde se asentó una importante cultura futbolística que permitió a algunas de esas zonas, muchos años después, contar con las ligas más potentes del continente.

En el país teutón, el fútbol comenzó a echar raíces gracias a los profesores Konrad Koch y August Hermann, quienes tras su paso por Inglaterra decidieron fomentar el fútbol entre sus alumnos y acomodaron en lo posible aquel juego a la idiosincrasia alemana. Así fue como se publicó el primer tratado de normas para el juego y se adaptaron los vocablos propios del fútbol al alemán, para evitar que sonaran demasiado ingleses. A pesar de todo, el pionero Dresden English Football Club, fundado en 1874, tuvo como principales promotores a los ingleses que residían y trabajaban en la capital del estado de Sajonia, por lo que ocultar la influencia de Inglaterra fue una empresa complicada, por más que se cambiase el argot futbolístico.

A partir de ahí, el fútbol se expandió principalmente por el noroeste de Alemania y en la última década del siglo XIX llegó a ciudades como Berlín, Bremen, Hamburgo o Hannover, donde se fundaron clubes como el Berliner Fußball-Club Germania (1888), Hertha Berliner Sport-Club (1892), München 1893 (1893), Werder Bremen o Viktoria 89 Berlin (1899).

En tierras francesas, donde el rugby y el ciclismo tenían toda la atención, el primer partido de fútbol se jugó en Le Havre, en 1872, por un grupo de graduados en Oxford y Cambridge. No obstante, el verdadero punto de inflexión se produjo en 1891, con la fundación del White Rovers y el Standard Athletic Club por escoceses e ingleses asentados en París. A partir de ahí se organizó un simulacro de campeonato en 1894, en el que participaron seis clubes parisinos y el fútbol ganó popularidad, creciendo en las zonas más industriales de Francia y en las ciudades con significativas conexiones con británicos y suizos.

El fútbol en Italia llegó a través de sus ciudades más cosmopolitas. Génova, en su condición de importante puerto marítimo, se convirtió en parada obligatoria para marineros y comerciantes ingleses, que hicieron del balón su objeto de ocio favorito, un entretenimiento que captó la atención local. Allí se fundó el Genoa Cricket and Athletic Club en 1893 gracias al cónsul Charles Alfred Payton, que primero fue una asociación exclusiva para la comunidad inglesa y escocesa de la zona, y permitió después la entrada a italianos, austríacos y suizos, siempre y cuando tuviesen un cierto nivel económico. Con la llegada del doctor James Richardson Spensley en 1897, el club inauguró su sección de fútbol, que se convirtió en la más popular y que levantó el primer campeonato nacional italiano en 1898.

En aquel primer torneo, organizado por la Federación Italiana de Fútbol, fundada el 16 de marzo de 1898, participaron otros tres equipos, todos procedentes de Turín. Allí nació Edoardo Bosio, quien tuvo la suerte de marcharse a trabajar a Inglaterra, lugar donde se empapó del fútbol. A su regreso a Italia, en 1887, fundó el Torino Football and Cricket Club, al que se unieron la Ginnastica Torinese y el FC Torinese. El club más representativo de la zona y uno de los más históricos del país se fundó en 1897, cuando los alumnos del colegio Massimo d'Azeglio, decididos a seguir la moda británica de patear un balón, organizaron el Sport-Club Juventus.

La creciente popularidad del fútbol conllevó que en otras ciudades italianas se emulase lo que ocurría en Génova y Turín. Así fue como, en 1899, Alfred Edwards, vicecónsul británico, y Herbert Kilpin abren el Milan Football and Cricket Club[78], que se convirtió después en el famoso AC Milan. Algo similar ocurrió en otros puntos de Italia, donde clubes como el Palermo o el Napoli se levantaron gracias a la influencia inglesa[79].

De los focos de expansión del fútbol en España, Galicia y Andalucía suelen ser las zonas donde se centra la atención histórica.

En la ciudad gallega de Vigo, los trabajadores del Centro Telegráfico de Comunicaciones Internacionales, conocidos

---

78  Casado, Eduardo. *Génesis del fútbol: El origen de los grandes clubes* (Librofutbol, 2020).

79  La historia del Palermo se remonta a 1898, aunque sigue habiendo debate sobre la fecha fundacional. El club proviene del Anglo Palermitan Athletic and Football Club, formado por Ignazio Majo Pagano, quien llevó el fútbol a la zona tras su estancia en Inglaterra. El Napoli hunde sus raíces en el Naples Football and Cricket Club, fundado por el agente marítimo James Poths y convertido cuatro años después en el Naples FC.

como el Cable Inglés, fundaron en 1873 el Exiles Cable club, uno de los primeros protoclubes españoles[80].

Mientras tanto, en las Minas de Riotinto, en la provincia de Huelva, se estableció un consorcio británico conocido como Rio Tinto Company Limited, con el objetivo de explotar los yacimientos de la zona. Al ser un lugar bastante aislado por la falta de carreteras y ferrocarril, los trabajadores no tenían mucho más que hacer que matar el tiempo de descanso jugando al fútbol. De ahí surgió en 1878 el Club Inglés, que dio lugar al Rio Tinto Foot-Ball Club, que al igual que el conjunto vigués no fue inscrito en ningún registro oficial.

La situación en la zona cambió notablemente con la apertura de la línea de ferrocarril que unió Riotinto con Huelva. La mejora de las comunicaciones permitió al Club Inglés abrir en la capital onubense la Sociedad de Juego de Pelota, una de tantas organizaciones recreativas que gustaban a los británicos. Auspiciada por el doctor Williams Alexander Mackay, la sociedad tuvo como objetivo normalizar la práctica del fútbol en la zona, y llevó al médico escocés a la fundación del Huelva Recreation Club o el Real Club Recreativo de Huelva, oficializada el 23 de diciembre de 1889[81].

Un año después de la creación del Club Inglés en Riotinto, el fútbol aterrizó en la capital de España con la constitución del Cricket y Foot-Ball Club de Madrid, en el que ya la mayoría de sus miembros eran españoles[82].

El primer campeonato a nivel nacional fue conocido como la Copa de la Coronación, aunque oficialmente respondía al nombre de Concurso Madrid de Foot-ball Association, organizado en 1902 y precedente de la actual Copa del Rey.

80  Rodríguez, Salvador. "Vigo, cuna del fútbol español", El Faro de Vigo (6 de julio de 2012).

81  Belmonte, Antonio. "La oficialización del Huelva Recreation Club en 1889: Decano del fútbol español", Cuadernos de Fútbol, nº 6 (1 de enero de 2010).

82  Masiá, Vicent. "Los protoclubs", La Futbolteca (Diciembre de 2012).

En 1927 se intentó dar forma a un campeonato liguero, la Liga Española de Foot-ball, que por diversas discrepancias quedó escindido en dos torneos diferentes, el Torneo de Campeones y la Liga Profesional de Clubs de Foot-ball. Ninguno de ellos llegó a completarse, pero fue el punto de partida para el establecimiento en 1929 del Campeonato Nacional de Liga de Primera División.

# CAPÍTULO 22
# ESOS LOCOS INGLESES

Junto a sus negocios, la comunidad británica estableció escuelas, iglesias, hospitales, abrió periódicos y fundó clubes deportivos en Argentina. A partir de 1860, aquellas asociaciones ya organizaban competiciones de críquet, tenis y polo. Era una cuestión de tiempo que el balón acabase formando parte de sus vidas hasta convertirse en parte de su identidad nacional, modelando una arraigada cultura futbolística que ha dado al deporte figuras de la talla de Diego Armando Maradona o Lionel Messi.

Los hermanos Thomas y James Hogg, dos inmigrantes ingleses, fueron los principales responsables del aterrizaje del fútbol en el país. El críquet fue el primer deporte que caló en Argentina con el Buenos Aires Cricket Club como una de sus primeras asociaciones. Aquel fue el germen del Buenos Aires Football Club, creado el 9 de mayo de 1867, después de una reunión para fundar un equipo de fútbol anunciada en las páginas del periódico *The Standard*.

El primer partido de fútbol en tierras argentinas tuvo lugar el 20 de junio de 1867 y enfrentó a los Colorados contra los Blancos, denominados así por los gorros que utilizaron para diferenciarse. Se disputaron 2 tiempos de 50 minutos, con

equipos de 8 jugadores, y la victoria fue para el equipo rojo, liderado por los hermanos Hogg.

La figura de Alejandro Watson Hutton no fue menos importante en la explosión del fútbol en Argentina. De hecho, la historia lo considera el padre del deporte en el país. Estudiante en Edimburgo, llegó a Buenos Aires el 25 de febrero de 1882, aceptando una oferta de trabajo de la escuela St. Andrew's Scots.

Desde su llegada a Argentina, Alejandro demostró un especial interés por el fútbol, una disciplina que creyó fundamental para los planes de estudio de la escuela. Su propuesta académica no cuajó en la St. Andrew's, por lo que renunció a su puesto y fundó el 2 de febrero de 1884 la English High School, que sería la cuna del Alumni, formado oficialmente en 1898. Para entonces, el fútbol ya era el deporte predominante, como bien había vaticinado el periódico *El Nacional* poco tiempo después del enfrentamiento pionero entre Colorados y Blancos.

El fútbol organizado en el país dio un importante paso con la formación del primer torneo disputado fuera de Gran Bretaña. La Liga de Fútbol de la Asociación de Argentina (AAFL) se fundó el 7 de marzo de 1891, compuesta por cinco equipos (Old Caledonians, Buenos Aires y Rosario Railways, Buenos Aires Football Club, Belgrano Football Club y St. Andrew's Scots Athletic Club), y, aunque solo aguantó una temporada debido a la falta de recursos, fue el origen de la Asociación del Fútbol Argentino (AFA), creada el 21 de febrero de 1893. Entonces ya existían algunos ilustres equipos como Rosario Central, Quilmes o el Club Gimnasia y Esgrima de La Plata, el primer equipo puramente argentino.

Un patrón similar se siguió en Uruguay, donde el fútbol apareció hacia mediados de la década de 1870, tras la fundación de la English High School en Montevideo.

El deporte inglés no cogió la suficiente fuerza hasta que William Leslie Poole, estudiante de Cambridge, profesor en la English High School y más tarde presidente de la Asociación Uruguaya de Fútbol, fundó el Albion Football Club el 1 de junio de 1891. Fue el primer equipo del país dedicado exclusivamente a la práctica del fútbol, ya que, como ocurrió en otros lugares, ya existían otro tipo de asociaciones que se dedicaban a mezclar todo tipo de disciplinas. De hecho, el primer encuentro documentado del Albion fue contra el Montevideo Cricket Club, pionero no solo en la introducción del críquet, sino también del rugby.

Desde la primera patada al balón, Argentina y Uruguay han mantenido una enconada rivalidad futbolística que también se ha traducido en notables hitos deportivos, como la Copa Chevallier Boutell, uno de los primeros torneos internacionales jugados por miembros de diferentes asociaciones. El trofeo, llamado así por el presidente de la Asociación Argentina Francis Hepburn Chevallier-Boutell, se celebró entre 1900 y 1919, y participaron equipos como Nacional, Alumni, Rosario, Belgrano, San Isidro, Peñarol, Boca Juniors o River Plate.

Brasil es otro de los países donde el fútbol es equiparable a una religión, y su difusión y popularización se atribuye históricamente a Charles Miller, nacido en Sao Paulo.

Su padre, un ingeniero escocés que llegó a Brasil para trabajar en el ferrocarril, decidió enviar a Charles a la Bannister School de Southampton a estudiar. En sus años en Inglaterra demostró cierta habilidad para el fútbol y terminó jugando para el St. Mary's (que luego fue el Southampton) y el Corinthian. La historia oficial, quizá adornada a conveniencia, cuenta que a su regreso definitivo a Brasil en 1894 lo hizo cargando con una bolsa de balones y una copia del libro de las reglas del fútbol.

El São Paulo Athletic Club (1888) fue uno de los primeros equipos del país e inició una fiebre imparable, aunque la mayor parte de aquellas asociaciones tenían un marcado carácter elitista. Comenzaron a surgir así clubes como el SC Internacional, Mackenzie College, SC Germania, Paulistano o uno de los más importantes equipos de Río: Fluminense.

El primer torneo, el Campeonato Paulista, no apareció hasta 1902. Estuvo compuesto por diez equipos y reducido a la zona de Sao Paulo, por lo que en 1906 se fundó el Campeonato Carioca, dirigido a los clubes pertenecientes al estado de Río de Janeiro. La Confederação Brasileira de Futebol (CBF) no se organizó hasta el 8 de junio de 1914, y Brasil no tuvo un campeonato liguero unificado hasta 1959.

Argentina, Uruguay y, en menor medida, Brasil, fueron el destino preferido para un buen puñado de clubes ingleses en las primeras giras veraniegas que ayudaron a la difusión del fútbol en Sudamérica. Allí llegaron Southampton, Chelsea, Corinthian, Tottenham o Everton para medirse a Alumni, Belgrano, Quilmes, Peñarol o Fluminense, así como a 11 representativos argentinos y uruguayos.

El primero en aceptar una gira por el Río de la Plata fue el Southampton en 1904, un viaje que exigió una travesía de seis semanas (tres para la ida y tres para la vuelta). Los *Saints* desembarcaron en Buenos Aires el 24 de junio y su primer partido fue contra Alumni dos días después.

La aventura iniciada por el Southampton fue continuada por el Nottingham Forest en 1905, para una serie de amistosos durante el mes de junio que arrancó con el encuentro frente al Central Uruguay Railway Cricket Club.

El último equipo inglés en embarcarse en un tour por Sudamérica fue el Chelsea en 1929. Para entonces, el fútbol en la zona había vivido una notable evolución, sirviéndose en buena parte de lo aprendido tras aquellas giras. La influencia no solo se vio sobre el terreno de juego. El Corinthian, el primer equipo inglés en llegar a Brasil en 1910, fue la principal inspiración para que un grupo de trabajadores del ferrocarril de Bom Retiro fundasen el Sport Club Corinthians Paulista. Algunas huellas son eternas.

# CAPÍTULO 23
# UNA LIGA NECESARIA

William McGregor se unió al comité del Aston Villa en 1877, el cual fue fundado tres años antes. Primero hizo de *umpire* en algunos partidos y sus responsabilidades eran mínimas. Fue el principio de una relación que duró más de 30 años con un club del que acabó siendo presidente.

Cuando llegó al equipo todavía no era un firme defensor del profesionalismo, pero, en el momento en el que el Preston North End lideró la rebelión que amenazó con acabar con todo, apoyó su legalización en representación del club de Birmingham. Nunca sabremos que llevó a McGregor a cambiar de opinión, aunque sí se tiene constancia de que en 1885 el Aston Villa pagaba religiosamente a sus futbolistas.

Conforme más equipos fueron abrazando el profesionalismo, se evidenció un problema. La única competición nacional en marcha, la FA Cup, no era suficiente. Los sueldos de los jugadores se habían renegociado: ahora se pagaba a todo el mundo y el dinero llegaba directamente de las arcas del club[83]. Los materiales se encarecieron. Las equipaciones costaban unos 6 chelines y las botas iban de los 15 chelines

---

[83] A mediados de la década de 1890 los jugadores solían ganar entre £4 y £5 semanales. Evidentemente, el sueldo (con reducciones) debía mantenerse durante el verano para evitar las tentaciones del futbolista de marcharse a otro equipo.

a las de mejor calidad que se vendían a 25 chelines. El incremento de espectadores en los partidos significó obras en los estadios: nuevas tribunas, nuevas gradas y mejoras en los accesos. Los equipos subieron un nivel y necesitaron nuevos empleados, muchos de ellos dedicados a tareas administrativas y, por supuesto, no trabajaban gratis. Una buena actuación copera aseguraba una buena inyección económica, pero en un deporte tan impredecible como el fútbol lo más fácil era caer eliminado en la primera ronda, lo que obligaba a los clubes a tener que organizar un buen puñado de amistosos para completar la temporada y asegurarse unos ingresos. No podían jugárselo todo a una carta[84]. Esto, que hoy parece obvio, fue la causa de la caída en desgracia de equipos como el Blackburn Olympic en 1889. El campeón de la FA Cup en 1883 no volvió a ganar un partido de copa tras la legalización del profesionalismo y desapareció ahogado por las deudas.

De esta manera no es extraño que la composición de calendarios de los equipos fuese una cuestión de vida o muerte. Para un buen curso debían asegurar una lista de al menos 30 encuentros. Y no era una empresa fácil.

Los clubes se plegaron a una hoja de ruta que consistió en tener fe en los derbis locales, que movían mucha gente y eran los más sencillos de cerrar, y echar el resto en Pascua y Navidad, período en el que un buen número de equipos llegaban a jugar hasta cinco partidos en cuatro días. Todo ello sin perder de vista que los enfrentamientos tuviesen el suficiente nivel y no terminasen en aburridos monólogos como le ocurrió al Preston. El conjunto de Sudell sumó doble cifra en el marcador hasta en 17 partidos entre la legalización del profesionalismo y 1888. Entre sus victorias más sonadas se

---

84  Según un artículo del Athletic News publicado a finales de 1886, concretó que un club profesional invertía £1000 en pagar a sus jugadores, £200 en gastos de viaje y £200 en publicidad, y más de £50 en material deportivo. No se le añadían los sueldos de los guardas o los encargados de mantenimiento.

encuentra el 26-0 al Hyde en la FA Cup, un 19-0 al Earlestown Wanderers y un 16-2 al Dundee Strathmore.

La solución estaba en un calendario de partidos lo suficientemente atractivo para los espectadores que asegurase una estabilidad económica. El fútbol había alcanzado un punto de no retorno. Su popularidad era incuestionable, por lo que no se encontraba ninguna razón para pensar en el fracaso. Si la FA Cup había funcionado, una liga nacional debía encontrar su sitio.

El 2 de marzo de 1888, William McGregor dio el paso y propuso la creación de una competición de liga anual con encuentros de ida y vuelta, y en representación del Aston Villa escribió a Preston North End, Blackburn Rovers, Bolton Wanderers y West Bromwich Albion para informarles de su proyecto y cerrar un encuentro en el Anderton's Hotel de Londres.

McGregor consideró a esos cuatro equipos esenciales para el éxito de su idea, aunque invitó a sus representantes a que hiciesen las sugerencias convenientes. De esta forma llegaron el Notts County, Wolverhampton Wanderers, Burnley, Stoke City y Derby County.

La reunión en la capital inglesa tuvo lugar el 23 de marzo de 1888. No obstante, el torneo propuesto por William McGregor no se cerró hasta el 17 de abril en el Royal Hotel de Manchester, donde se sumaron Accrington y Everton. Había nacido la Football League.

La cuestión sobre por qué se escogió a esos equipos y no a otros sigue siendo controvertida. Parece claro que la elección de McGregor se basó en el estado de forma de los mismos. El Preston North End era un club intratable en el terreno de juego, aunque venía de perder la final de la FA Cup contra el West Brom, y el Blackburn Rovers mantenía un buen nivel tras sus tres victorias consecutivas en la final copera (1884,

1885 y 1886). Quizá en la elección del Bolton Wanderers pudo pesar la necesidad de contar con el fundamental apoyo de John Bentley, su secretario.

Siete de los equipos que se unieron después no parecían responder al perfil de buen nivel de juego, a excepción del Wolverhampton Wanderers. No existe un patrón claro, pero es muy probable que la entrada en la Football League de al menos tres de ellos se debiese a su poder de atracción. El Burnley solía cerrar buenas audiencias, como los 9000 espectadores reunidos para su enfrentamiento contra el Bolton en un partido a beneficio del Victoria Hospital. Algo similar ocurría con el Everton, entonces todavía en el estadio de Anfield, y con el Accrington.

Los motivos de la entrada de Notts County, Derby County y Stoke City siguen siendo un misterio. A pesar de ser un equipo pionero, el Notts vivía en una continua inestabilidad económica que casi le cuesta la desaparición en 1872 y su potencial era minúsculo. El Derby County, fundado cuatro años antes de su entrada en la liga, apenas tuvo tiempo de sentar una sólida base de aficionados, y el Stoke City no era precisamente popular ni por su soltura en el terreno de juego, ni por llenar las gradas en cada encuentro.

El torneo aseguró 22 partidos a cada equipo, que debían jugarse con la mejor alineación posible para garantizar el atractivo, y donde no se descuidó el aspecto económico. Desde su nacimiento, la Football League tuvo claro que las gradas llenas iban a ser el principal indicativo de que la cosa marchaba bien. No obstante aún hubo que esperar un tiempo para ver estadios a rebosar. Durante las cuatro primeras temporadas de la liga, todavía con una sola división, solo el Everton fue capaz de atraer asistencias que llegaban a los 10 000 espectadores. En la temporada 1903-04, el Aston Villa fue el primer club en sumar promedios de 20 000 espectadores y el Newcastle United superaría la cifra de 30 000 ya en el curso 1906-07.

Aunque la primera idea de McGregor fue la de dividir los ingresos por las entradas, pronto se estableció un sistema a beneficio del conjunto local. Una cláusula fijó que el club visitante recibiría £15 y el resto iría a parar al equipo que jugaba en casa, que tenía total libertad para fijar el precio de las entradas. El show acababa de comenzar.

# CAPÍTULO 24
# INVENCIBLES

El inicio de la Football League coincidió en el tiempo con el segundo asesinato de uno de los casos más populares de la crónica negra inglesa. Alrededor de las seis de la mañana del 8 de septiembre de 1888, el cochero John Davies descubrió en el patio trasero de la calle Hanbury de Londres el cuerpo sin vida de Annie Chapman, uno de los cinco crímenes canónicos atribuidos a Jack El Destripador.

La noticia del terrible homicidio corrió como la pólvora y al día siguiente se mezcló con los resultados que había dejado el primer sábado de competición liguera de la historia. En el día de apertura, el Preston ganó 5-2 al Burnley, el Derby County 6-3 al Bolton y el Everton 2-1 al Accrington en Anfield. El West Brom derrotó al Stoke City y el Wolverhampton empató frente al Aston Villa en casa. El partido entre el Blackburn Rovers y el Notts County no se celebró porque los Rovers tenían firmado un amistoso —al parecer inaplazable— contra el Newton Heath. Cosas de los inicios.

Durante un tiempo el honor de haber anotado el primer gol de la historia de la Football League recayó en Fred Dewhurst, delantero del Preston North End, que le marcó al Burnley a los tres minutos de partido. Entonces aparecieron Robert Bo-

yling y Mark Metcalf y descubrieron en 2013 que el partido no comenzó hasta las 15:50. Los retrasos en los inicios de los encuentros eran algo habitual en la época y sus motivos muy diversos.

Otro futbolista en el que cayó semejante honor, aunque con algo menos de suerte, fue Gershom Cox. El defensa del Aston Villa marcó a los treinta minutos contra el Wolverhampton en un partido que empezó a las 15:00. Eso sí, el gol fue en propia puerta. No obstante, Boyling y Metcalf, otra vez, hallaron en una crónica del *Midland Evening News* que el enfrentamiento entre *Wolves* y Villa dio comienzo a las 15:30 y, dado que los encuentros solían sufrir retrasos, pero nunca se adelantaban, el tanto en propia puerta de Cox se estableció a eso de las 16:00.

De esta manera, Kenny Davenport, delantero del Bolton, quedaba como el primer futbolista en anotar un tanto en la larga historia de la Football League. Fue contra el Derby County, en un partido que arrancó a las 15:45, debido a otro de tantos retrasos (los visitantes llegaron tarde). Davenport anotó a los dos minutos. O lo que es lo mismo, a las 15:47.

La primera temporada de la Football League supuso el advenimiento de las primeras superestrellas profesionales. Los tiempos de jugadores como Arthur Kinnaird quedaban atrás. Considerado un lider absoluto, rey de un juego todavía demasiado embarullado, Lord Kinnard jugó nueve finales de la FA Cup, en todas las posiciones posibles, de la portería a la delantera. Ganó tres de ellas con el Wanderers en 1873, 1877 y 1878 y otras dos con el Old Etonians en 1879 y en 1882[85]. La casta de jugadores que sucedió a Kinnaird, nacida al calor del profesionalismo, parecía tener otro empaque.

---

85 En 1873 el Wanderers ganó 2-0 al Oxford University; en 1877 2-1 también al Oxford University, con Arthur Kinnaird jugando de portero y donde tuvo la mala fortuna de marcarse un gol en propia puerta; en 1878 ganaron 3-1 al Royal Engineers. El Old Etonians ganó la final de 1879 1-0 al Clapham Rovers, y la de 1882 1-0 al Blackburn Rovers.

John Goodall fue la primera de esas estrellas. Un jugador de otro trazo, de otros movimientos, y que supo aprovechar a la perfección al equipo que tuvo detrás. Goodall fue el máximo goleador de la temporada 1888-89 con 21 tantos, y una de las principales figuras del Preston North End. Después se marchó al Derby County.

Tras Goodall llegaron muchos más. Estos jugadores hicieron del gol su principal carta de presentación, y en los primeros días aquel era el mejor atractivo para el espectador, que disfrutó de Jack Southworth, Fred Wheldon, John Campbell o de la explosión de Steve Bloomer[86].

El advenimiento de las grandes estrellas fue tan solo una de las múltiples aristas de un negocio que aún no había visto ni la milésima parte de sus posibilidades.

Al crecimiento de la prensa deportiva se sumó una incipiente industria de material deportivo dispuesta a llenarse los bolsillos. Los primeros anuncios de este tipo de equipamiento ya habían visto la luz en las páginas del *Football Annual* a finales de la década de 1860, pero la creación de la Football League fue el impulso definitivo para jerseys, camisetas, pantalones, botas y balones.

Bukta, fundada en 1879, fue una de las primeras empresas de ropa deportiva que no tardó en vestir a equipos como Nottingham Forest o Newcastle. Los balones, parte indispensable para la práctica del fútbol, contaron con el buen hacer de William Thomlison, uno de los primeros líderes del mercado, a través de su fábrica Greenbank Leather Works, en Glasgow. Su principal competidor fue William Shillcock, de Birmingham, en cuya tienda fue vista la FA Cup original por última vez en 1895. A Shillcock le unía una fuerte amistad con William

---

86 Jack Southworth fue máximo goleador de la temporada 1890-91, con Blackburn Rovers (26), y de la 1893-94, con el Everton (27). John Campbell lideró al Sunderland, goleador de la 1891-92 (32), 1892-93 (31) y 1894-95 (22). Steve Bloomer fue la principal arma ofensiva del Derby County y salió máximo goleador de la Football League en tres ocasiones, sin bajar de los 23 goles. En 536 partidos en la First Division firmó 317 tantos.

McGregor, ideólogo de la Football League y eternamente ligado al Aston Villa, por lo que no es de extrañar que uno de sus más afamados balones llevase por nombre "McGregor", que se utilizó en cinco finales consecutivas de la FA Cup, entre 1899 y 1903. En cuanto al calzado, cada vez más centrado en novedosos elementos de diseño, que no solo aumentaban su calidad, sino también su comodidad, pronto se convirtió en una de las industrias más especializadas. Stevens & Company o Mercer & Company fueron dos de las primeras fábricas que gozaron de popularidad.

La primera temporada de la Football League echó el cierre el 20 de abril de 1889, con un total de 132 partidos, 586 goles y la seguridad de que el proyecto de McGregor había supuesto un rotundo éxito. William Sudell pudo ver su sueño cumplido. El Preston North End salió campeón con 40 puntos y sin conocer la derrota. Un mes después redondearon su hazaña ganando 3-0 la final de la FA Cup al Wolverhampton, convirtiéndose en el primer equipo de la historia en firmar un doblete. Se les llamó Los Invencibles.

# CAPÍTULO 25
# EL CONTAGIO

El impacto de la creación de la Football League provocó un terremoto de ligas que imitaron el formato de McGregor, llevado a cabo precisamente por los equipos que se quedaron fuera. No había otra alternativa. Si no podían formar parte del espectáculo principal, nada mejor que montar el suyo propio.

Poco más de diez días después de la formación de la Football League, 14 clubes llegaron a un principio de acuerdo para formar un torneo que se conoció como The Combination. La idea surgió de la secretaría del Crewe Alexandra, al que se unieron Blackburn Olympic, Burslem Port Vale, Halliwell, Derby Junction, Bootle, South Sore, Blackpool, Small Heath Alliance, Walsall Town Swifts, Birmingham St. George's, Notts Rangers, Leek FC y Newton Heath. The Combination fue un rotundo fracaso. Arrancó en septiembre de 1888 y se hundió en abril de 1889 sumida en el caos[87].

La denominada Football Alliance corrió mejor suerte. Ideada por John Holmes, una de las figuras más importantes en

---

87  En 1890 se retomó la competición de la mano de 12 clubes. El nuevo formato acabó convertido en el campo de pruebas perfecto para las alineaciones de reservas, a pesar de que entrasen unos cuantos equipos galeses que animaron el torneo. En 1910 solo 11 equipos formaban The Combination, 5 menos que la temporada anterior (aunque, por ejemplo, en el curso 1895-96 solo participaron 8), lo que fue el preludio de su desaparición definitiva.

los primeros pasos del Sheffield Wednesday junto a Charles Clegg, la competición dio inicio en 1889 con 12 equipos. En total, en sus 3 años de existencia participaron 16 clubes, que terminaron demostrando un buen nivel general y la competición se consideró un pequeño éxito. Por ello la Football League no dudó en reclutar a algunos miembros de la Football Alliance en 1892 para sus nuevos planes. Ardwick, Burton Swifts, Bootle, Crewe Alexandra, Grimsby Town, Lincoln City, Small Heath y Walsall Town Swifts fueron elegidos para conformar la primera temporada de la historia de la Second Division. Los clubes que ya formaban la Football League más tres de los más potentes de la Football Alliance conformaron la Football League First Division[88].

La categoría aumentó progresivamente su número de participantes. La Second Division estuvo formada por 15 equipos en 1893, 16 en 1894 y 18 en 1898, así hasta alcanzar los 22 en 1919. En todo ese proceso hubo tiempo para pulir el tema de los ascensos y descensos.

En sus primeros años de vida, no existió una promoción automática a la First Division, sino que se siguió el modelo de los *test matches*, que implicaron también al campeón de la categoría. En aquella suerte de primitivos *play-offs*, los tres primeros clasificados de la Second Division se medían a los tres últimos de la tabla de la First Division. En su primera temporada, por ejemplo, Notts County, Accrington y Newton Heath ocuparon los tres últimos puestos de la clasificación de Primera y tuvieron que vérselas con Small Heath, Sheffield United y Darwen, campeón, subcampeón y tercer clasificado de Segunda. Ascendieron Sheffield United y Darwen, que vencieron sus duelos contra Accrington (1-0) y Notts County

---

88 La primera temporada de la Second Division estuvo compuesta por los siguientes doce equipos: Ardwick, Bootle, Burton Swifts, Crewe Alexandra, Darwen, Grimsby Town, Lincoln City, Northwich Victoria, Port Vale, Sheffield United, Small Heath y Walsall. La First Division estuvo formada por: Sunderland, Preston North End, Everton, Aston Villa, Bolton Wanderers, Burnley, Stoke, West Brom, Blackburn Rovers, Nottingham Forest, Wolverhampton, Sheffield Wednesday, Derby County, Notts County, Accrington y Newton Heath.

(3-2), pero el campeón se quedó sin ascenso tras perder su partido contra el Newton Heath (1-1 y 5-2). El eterno ciclo del ensayo-error hasta dar en el clavo.

En todo este proceso The Combination y la Football Alliance fueron tan solo dos gotas en un inmenso océano.

Las ligas regionales fueron pronto una realidad. El pistoletazo de salida lo dio la Midland Counties League, formada en abril de 1889 y que dio entrada a Nottingham Forest, Grimsby Town, Lincoln City, Long Eaton Rangers, Derby Junction, Rotherham, Staveley, Warwick County y Burton Wanderers. A partir de ahí la pirámide no dejó de crecer. El mismo año se formó la Lancashire League con 11 clubes fundadores y la Lancashire Alliance. En 1891 apareció la Lancashire Combination y la fiebre de las ligas pronto alcanzó todos los niveles, como demuestra la formación de los torneos escolares de Bolton, Bury, Oldham y Wigan. En 1900, la Asociación de Lancashire tenía bajo su control nueve ligas diferentes. Antes del estallido de la Primera Guerra Mundial el número superaba las 50.

En un breve período de tiempo el fenómeno se hizo extensible a todo el país, incluso a zonas que mantenían un perfil bajo futbolísticamente hablando, como Sussex, donde en cuatro años se fundaron la West Sussex League (1895), la East Sussex League (1896), la Hastings League (1897) y la Horsham League (1898).

Londres tampoco escapó a la precipitación de los acontecimientos y enseguida se encontró con un puñado de estructuras ligueras, que siguen formando parte de la pirámide inglesa de categorías.

En 1894, por iniciativa del Millwall, se formó la Southern Football League, que reunió a Chatham, Clapton, Ilford, Luton Town, Reading, Royal Ordnance Factories[89], 2nd Scots Guards

---

89 Formado en 1893, el Royal Ordnance Factories fue una escisión del Woolwich Arsenal. El equipo se disolvió alrededor de 1896.

y Swindon Town. La liga fue tan bien recibida que inmediatamente se propuso la creación de una Segunda División.

A la Southern Football League se sumaron numerosas ligas por áreas que se inspiraron en la Woolwich League, establecida en 1891. Así, en el extenso mapa futbolístico londinense podían encontrarse torneos que respondían a los nombres de North-West London League, South London League, West London League, Finsbury Park League, Clapton League o Tottenham League. Posteriormente se conformaron la Isthmian League (1905), todavía en activo, y la Athenean League (1912).

La fiebre liguera y asociativa se extendió también a sectores tan relevantes como el del ejército. En 1888, con Francis Marindin en la presidencia de la FA, se creó la Army Football Association (AFA), que tuvo al Royal Engineers como representante más destacado. Los equipos que formaron la AFA se organizaron en batallones y, más tarde, en regimientos. Aunque en un principio sus partidos se centraron en el ámbito militar, poco a poco se abrieron a otros frentes.

La competición por excelencia de la AFA es la Army Challenge Cup, que celebró su primera edición el 27 de marzo de 1889 y de la que salió vencedor el equipo del 2º Batallón de los Argyll & Sutherland Highlanders, un regimiento de infantería formado en 1881.

# CAPÍTULO 26
# ELLAS TAMBIÉN JUEGAN

Llegados a este punto del relato, toca preguntarse sobre el papel de la mujer en el floreciente mundo del fútbol. Aunque resulta evidente que quedó establecido como un deporte exclusivamente masculino, su aterrizaje en el plano femenino no hubiese sido posible sin el empeño de unas pioneras que lucharon por su derecho a participar en un juego que acabaría calando en cualquier ámbito social.

El 27 de enero de 1895, los lectores del *Lloyd's Weekly* se toparon con un sorprendente anuncio:

> "Se ha creado el British Ladies Football Club. La Presidenta del equipo es Lady Florence Dixie y actualmente cuenta con 26 miembros. Hay todavía dos plazas vacantes, por lo que cualquier interesada en unirse al club puede enviar una solicitud a la Secretaria Miss Nettie J. Honeyball, 27 Weston-Park, Crouch End".

La nota llegó en pleno proceso de agonía de la Inglaterra Victoriana. Un proceso lento, por otra parte. Aunque nuevas puertas se abrieron para la mujer, otras continuaron cerradas a cal y canto. Se avanzó en temas como el divorcio, la custodia infantil o la violencia doméstica —la primera protección legal contra este tipo de abuso llegó en 1853—, pero el país

aún cargaba con demasiados tabúes culturales sobre la moralidad, el cuerpo y la sexualidad.

El cúmulo de prejuicios no tardó en encontrarse con una mujer que tomaba plena conciencia de su nuevo rol tras la Revolución Industrial. Más allá de las labores del hogar a las que era destinada, comenzó a incorporarse al trabajo en las fábricas y a educarse en las escuelas, donde adoptó el ideario feminista que propició la creación en 1897 de diversos grupos militantes sufragistas.

La redacción de la *Bank Holidays Act* en 1871, el paso previo a la exigencia popular de la jornada laboral de ocho horas, fijó un número anual de fiestas nacionales que favorecieron el crecimiento de la industria del ocio, en la que los musicales, el teatro o el deporte tuvieron mucha importancia.

Dueñas de su tiempo libre, comenzaron a acudir a los partidos de fútbol y a interesarse por la práctica de aquel deporte que despegaba en popularidad. Una práctica que los guardianes de la moral consideraron desde un principio demasiado violenta y poco conveniente en el plano social para ellas.

Desde al menos 1792 se documentan partidos jugados por mujeres, ya a mediados del siglo XIX, muchos de ellos organizados con el objetivo de hacer caja a costa de reírse de ellas. Aunque el punto álgido del fútbol femenino se alcanzó durante la Primera Guerra Mundial con las Dick, Kerr's Ladies a la cabeza[90], primero tuvo que existir un puñado de mujeres decididas a patear un balón cuando buena parte de la sociedad les repitió hasta el cansancio que no podían hacerlo. Y ahí es donde entra Lady Florence Dixie.

---

90 El Dick, Kerr's Ladies se fundó en Preston en 1917 por mujeres empleadas en la Dick, Kerr & Co., una compañía dedicada a la fabricación de munición para la guerra. El club, activo durante 48 años, gozó de un increíble éxito desde su encuentro con el Arundel Coulthard Factory en las Navidades de 1917, delante de 10 000 espectadores en Deepdale. No obstante, su partido más recordado lo jugaron el Boxing Day de 1920 contra el St. Helen's Ladies en Goodison Park, reuniendo a 53 000 personas. El equipo disputó más de 828 partidos y llegó a realizar giras internacionales por Estados Unidos y Canadá.

Nacida como Florence Caroline Douglas, la escocesa no era una desconocida para la sociedad inglesa. Poetisa, escritora de libros infantiles y cuadernos de viaje, corresponsal de guerra para el *Morning Post*, entusiasta de los deportes, defensora de causas como el Irish Home Rule o los derechos de los Zulús y, por supuesto, una ferviente feminista. Además, su familia era una habitual de la sección de chismes de los periódicos por su querencia a la excentricidad y la tragedia. Uno de sus hermanos fue John Sholto Douglas, Marqués de Queensberry, quien por las fechas de la formación del British Ladies Football Club anduvo en un sonado lío judicial, acusado de difamación por el popular escritor Oscar Wilde[91].

Que Lady Florence se convirtiese en Presidenta y principal patrocinadora del equipo no es nada extraño. Más allá de su relación de amor-odio con los tabloides, sus convicciones feministas y su constante lucha por los derechos de la mujer en todos los frentes hicieron de ella la candidata perfecta. Nettie Honeyball tuvo claro que, de una u otra manera, Florence Caroline Douglas pondría al club en el punto de mira de la opinión pública.

Principal ideóloga y fundadora del British Ladies Football Club, poco se sabe de la vida de Nettie Honeyball. Su nombre real pudo ser Mary Hutson o Jessie Allen[92], debido a la creencia de que la mayoría de mujeres que decidieron jugar al fútbol en la época utilizaron un pseudónimo para proteger su intimidad. Honeyball no solo logró el patrocinio de Lady Florence Dixie, sino que fue capaz de sortear todos los problemas para conseguir un lugar donde entrenar y hacerse con los servicios como técnico de John William Julian, centrocampista del Tottenham.

Según sus propias palabras, Honeyball fundó el equipo con el objetivo de "probar al mundo que las mujeres no son las

---

91  Lee, James. *The Lady Footballers: Struggling to Play in Victorian Britain* (Routledge, 2008).
92  Brennan, Patrick. "The British Ladies Football Club", Donmouth (18 de agosto de 2005).

criaturas decorativas e inútiles que los hombres imaginan"[93]. Por supuesto, aquel camino reivindicativo no sería fácil de recorrer.

Antes de la primera puesta en escena del grupo, las jugadoras tuvieron que lidiar con un problema que trajo de cabeza a buena parte de la sociedad pendiente de las andanzas del equipo: la elección de un código de vestimenta adecuado. Puede que Londres estuviese preparado para ver a mujeres jugando al fútbol, pero no estaba listo para que lo hicieran en pantalón corto.

Florence Dixie creía firmemente en el movimiento *Rational Dress*, cuyo objetivo era proponer, diseñar y vestir prendas más prácticas y cómodas que llevasen a la liberación del corsé y las enaguas. Como desde un primer momento vio el fútbol como un elemento subversivo desde el que reivindicarse, tuvo claro que las integrantes de su equipo vestirían el uniforme apropiado para jugar al fútbol. Contó, claro está, con el total apoyo de Nettie Honeyball, quien no tuvo ningún problema para posar para la revista *The Sketch* con la vestimenta que lucirían en el día de su estreno. Una camiseta de manga larga roja, unos pantalones bombachos que podían ser recortados hasta la rodilla y un pañuelo de color blanco en el pelo.

El debut tuvo lugar en Londres, en Crouch End, el 23 de marzo de 1895, delante de 11 000 espectadores, y el equipo de las British Ladies se dividió en dos secciones, norte y sur. El norte se llevó el partido por 7-1.

Las reacciones no se hicieron esperar. Fueron de la estupefacción de aquellos que seguían anclados en la estricta moral victoriana a la censura y la burla de la prensa. "Los primeros minutos fueron suficientes para demostrar que el fútbol no es un deporte para las mujeres", reflejó la crónica del *Sketch*. "Un futbolista necesita velocidad, habilidad y coraje, y ningu-

---

93  *The Sketch*, 6 de febrero de 1895.

na de estas características pudieron verse en el encuentro del sábado".

No obstante, la puesta en largo en Crouch End sirvió a las British Ladies para embarcarse en una gira que las llevó a disputar más de 100 partidos a lo largo y ancho de Inglaterra en los dos años siguientes. Después desaparecieron.

# CAPÍTULO 27
# SINDICACIÓN

Una vez que el profesionalismo demostró no tener vuelta atrás, quedaba su lento e inexorable proceso de aceptación. La creación de la Football League supuso el zarpazo casi definitivo para hacer entender que el fútbol había entrado en otro nivel. Y ese nuevo nivel implicaba que muchos jugadores se planteasen poder vivir del deporte que practicaban profesionalmente cada fin de semana.

La primera proposición de crear una unión de representantes de futbolistas profesionales surgió de Billy Rose en 1893. La iniciativa del portero del Swifts, Small Heath, Preston North End o Wolverhampton, coincidió con la sugerencia del Derby County de imponer un límite salarial, la cual fue rechazada. La misma suerte corrió la idea de Billy Rose, y cayó en el olvido.

La propuesta no volvería a ver la luz hasta febrero de 1898, momento en el que se formó la Association Footballers' Union. Lo hizo precisamente como respuesta a la introducción por parte de la Football League del salario máximo de £4 semanales, y de las restricciones con respecto a los traspasos. En 1893 la liga decidió introducir esta polémica condición, en principio por la facilidad con la que los clubes ricos tentaban

a jugadores de otros equipos menos pudientes. En este sentido, una vez que el futbolista fichaba por un conjunto no podía marcharse a otro sin consentimiento del club con el que había firmado[94].

La Association Footballer's Union surgió de una reunión en la que tomaron parte activa futbolistas de renombre. Jack Bell, del Everton, fue su primer presidente y John Cameron, entonces en el Tottenham, su secretario. Contaron con el apoyo del gran Jimmy Ross, destacado jugador del Preston North End; Jack Devey, uno de los grandes futbolistas de la historia del Aston Villa; Harry Wood, delantero del Wolverhampton, y Billy Meredith, indiscutible superestrella de la época, que jugó para Manchester City y Manchester United. En total, la asociación logró reunir a más de 250 miembros, pero fracasó rotundamente. No fue reconocida ni por la Football League, ni por la Football Association y su estructura interna no fue un ejemplo de organización. Su principal error fue no tener en cuenta que todavía la mayoría de los futbolistas no se dedicaban a tiempo completo al fútbol. Una idea de sindicación para un trabajo que, por el momento, suponía un suplemento, era lo más parecido a una utopía. La inmensa mayoría de los jugadores que componían la liga desempeñaban otro oficio, que en líneas generales era el que les daba de comer. Hay cientos de ejemplos con nombres relevantes. Steve Bloomer, uno de los goleadores citados con anterioridad, ya en su condición de superestrella del Derby County y reconocido a nivel nacional , trabajó en una fundición durante su primera etapa en los *Rams*. La Association Footballers' Union se disolvió en 1901.

---

94 El sistema de retención y transferencia se mantuvo en activo hasta 1963. Las restricciones impuestas a partir de 1893 eran válidas incluso cuando el contrato anual del futbolista no era renovado una vez que expiraba. El club no podía obligarle a jugar, pero sin contrato el deportista no tenía derecho a un salario. La norma ponía en clara ventaja al club que firmaba. Aún con la negativa a dejar libre al futbolista, si este decidía marcharse no podía jugar en otro equipo de la Football League.

El 2 de diciembre de 1907 se formó la Association Players' and Trainers' Union, conocida simplemente como Players' Union y heredera directa de la Association Footballers' Union. Fue el segundo intento de unir a los futbolistas profesionales bajo el manto de un sindicato, esta vez bajo la importante figura de Billy Meredith, que ya había formado parte de la primera intentona y se había instalado ya como deportista a tiempo completo.

El primer éxito de la Players' Union llegó gracias al caso de David Jones, más conocido como Di Jones. El futbolista galés llegó a Inglaterra para jugar en el Newton Heath, aunque fue en el Bolton donde alcanzó cierta relevancia. Tras jugar 228 partidos con los Wanderers, a los que capitaneó en la final de la FA Cup de 1894, el defensa recaló en el Manchester City, que pagó £28 en 1898 y donde ya jugaba Billy Meredith, antiguo compañero en el Chirk, el club en el que comenzó su carrera.

Cuatro años después de su llegada al Manchester City, el 17 de agosto de 1902, Di Jones sufrió un corte en su rodilla en un partido de pretemporada, causado, según el propio jugador, por un cristal tirado en el terreno de juego. La herida se le trató en el campo, que abandonó por su propio pie pese a las recomendaciones de hacerlo en camilla. Una vez fuera, una ambulancia le condujo al hospital y allí se le terminó de curar y recibió el alta.

En su domicilio la herida comenzó a supurar y los médicos tuvieron que acudir a atenderle. Di Jones quedó en un estado en el que apenas podía comer y había que anestesiarlo con cloroformo. Diez días después, murió.

En la investigación forense que se llevó a cabo se dictaminó que el protocolo seguido carecía de errores de forma y el tratamiento al futbolista en el campo fue el adecuado. Se afirmó también que las complicaciones sufridas por Di Jones en su herida debían haberse producido en su trayecto a la ambulancia, que el jugador realizó a pie y no en camilla como se le recomendó. Aunque muchos de los miembros del jurado que investigó el caso no quedaron conformes, se exoneró al Manchester City y la muerte de Di Jones fue declarada y archivada como un accidente.

Entonces, la familia de Di Jones no tuvo detrás ninguna asociación que pudiera asistirle, pero la trágica muerte del futbolista del Manchester City llevó a la Players' Union a tomar como referencia la Workmen's Compensation Act de 1906 para utilizarla en futuros casos. Fue el principio del establecimiento legal del futbolista como un trabajador y el inicio de batallas judiciales que sirvieron para compensar a jugadores y familiares en caso de accidentes.

Billy Meredith se transformó en la cara más visible y agitadora de la Players' Union. Una de sus proclamas más celebradas —podemos considerarlo un auténtico pionero— instaba al establecimiento de un libre mercado con respecto a los movimientos de jugadores y sus salarios. Si un futbolista merecía ganar £7, debía recibir £7. Una afrenta muy clara al salario máximo impuesto por la Football League.

A pesar del crecimiento de la Players' Union y su cada vez más visible trabajo, la asociación entró en una notable crisis en 1909. La decisión de utilizar la Workmen's Compensation Act para casos archivados sin el permiso de la Football Association fue considerada un acto de rebeldía. La Football League apoyó sin titubeos cualquier movimiento de la FA y la Players' Union, ya con la idea de unirse a la General Federation of Trade Unions, llamó a la huelga.

Aunque la Football Association estaba convencida que la Players' Union se echaría atrás, sobre todo debido a su falta de recursos, la huelga se llevó a cabo. Las acciones que tomó el principal órgano de gobierno del fútbol inglés no hicieron sino precipitar el caos. En primer lugar dejó de reconocer a la Players' Union como organización legal. En segundo lugar, tomó el camino más combativo posible y suspendió de por vida de toda actividad futbolística a los líderes del sindicato e instó al resto de miembros a abandonar el gremio. Dos tercios de los afiliados se dieron de baja. Los futbolistas del Manchester United se negaron, lo que llevó al equipo a tener que buscar reemplazos para poder conformar una alineación lo suficientemente decente para el primer partido de la temporada 1909-10 contra el Bradford City.

La intervención de Tim Coleman a favor de la Players' Union terminó con la huelga. El delantero del Woolwich Arsenal y del Everton, héroe condecorado de guerra, intercedió con la capacidad suficiente como para llegar a un acuerdo. Las aguas se calmaron y se aceptó la inclusión de un bono exclusivo que complementaba al salario del jugador y que en un principio recibió el nombre de "talent money" y se repartió entre los clubes que coparon los primeros puestos de la tabla de la Football League. El límite salarial no se abolió hasta 1961, gracias a Jimmy Hill, jugador del Fulham y futura estrella de la televisión.

# CAPÍTULO 28
# LOS ÚLTIMOS *OLD BOYS*

El asentamiento del profesionalismo cayó como un jarro de agua fría para una buena parte de los jugadores amateurs que aún seguían en activo en el panorama futbolístico de Inglaterra. Aunque muchos de ellos aceptaron su legalización desde posiciones de poder e influencia, otros tantos no se resignaron a que desapareciese lo que consideraban como el estatus tradicional del juego.

A comienzos del siglo XX, la Football Association estimaba que más de 6000 futbolistas en representación de 400 equipos abrazaron el profesionalismo. Al mismo tiempo, existían todavía 300000 jugadores repartidos en 12 000 clubes que respondían a la categoría de amateurs. Lo que parecía una convivencia pacífica no tardó en deteriorarse por la seguridad de un sector importante de *old boys* de que su declive era irreversible.

En 1892, el comité del Sheffield FC propuso la creación de una copa dirigida única y exclusivamente a conjuntos amateur. La Football Association tendió la mano y aceptó la oferta, nombrando a Nicholas Lane Pa Jackson como presidente de la denominada FA Amateur Cup.

La primera edición de la copa reunió a 81 conjuntos, de los cuales 12 representaban a instituciones de enseñanza de sobrado prestigio. Uno de estos equipos de *old boys*, el Old Carthusians, disputó y ganó la primera final al Casuals[95].

Desde 1898 la mejor muestra que podía encontrarse de la unión entre el fútbol profesional y el amateur era el partido anual de la Sheriff of London Charity Shield. El gigantesco trofeo de más de seis pies de alto fue donado por Sir Thomas Dewar, entonces Sheriff de Londres, pero conocido por la marca de whisky Dewar's, establecida junto a su hermano John y que había adquirido buena fama internacional.

El encuentro emparejaba al campeón de la Football League o de la FA Cup de parte de los profesionales con un conjunto amateur, el cual estuvo representado por el Corinthian en nueve de sus diez ediciones. La idea era destinar los ingresos a obras de caridad, una parcela bien cuidada por parte de la plana mayor de la Asociación. En las dos temporadas previas al inicio de la Sheriff of London Charity Shield se habían recaudado cerca de £2700, que se repartieron entre hospitales y otras instituciones benéficas[96].

El comité del torneo estuvo compuesto por miembros representativos de la Football Association de tradición amateur, y el propio Sir Thomas Dewar. Arthur Kinnaird, Francis Marindin, William Bromley-Davenport o Nicholas Lane Pa Jackson se encargaron de que la Sheriff of London Charity Shield funcionase de la mejor manera posible.

El primer partido se disputó el 19 de marzo de 1898 en el Crystal Palace entre el Corinthian y el Sheffield United y fue todo un éxito. Acudieron 20 000 personas a presenciar un 0-0, que conllevó la celebración de un *replay* el 4 de abril al que solo asistieron 8000 espectadores. El encuentro finali-

---

95 La FA Amateur Cup se disputó hasta la temporada 1973-74. Los equipos de old boys participaron hasta 1903, momento en el que se unieron a la Arthur Dunn Cup.

96 Corbett, B.O. (Ed.). Annals of the Corinthian Football Club (Longmans, Green & Co., 1906)

zó nuevamente en empate (1-1) por lo que ambos conjuntos compartieron el trofeo.

La Sheriff of London Charity Shield se celebró hasta 1907, aunque su espíritu se recuperó durante la década de los 30 en 3 ocasiones[97], los 60 con otros 3 encuentros y los 80 con un enfrentamiento entre el Watford y el Corinthian-Casuals. El trofeo de Sir Thomas Dewar fue la antesala de la FA Charity Shield, que hoy conocemos como Community Shield y que sirve como partido de apertura de temporada.

Para cuando se celebró el último partido oficial de la Sheriff of London Charity Shield el 9 de marzo de 1907 entre Newcastle United y Corinthian, las relaciones entre profesionales y amateurs habían llegado a un callejón sin salida. Muchos equipos se encontraron en la tesitura de reformular su posición en base a unos principios que comenzaban a quedarse obsoletos. El mejor ejemplo lo dejó el propio Corinthian.

El conjunto fundado por Nicholas Lane Pa Jackson era un club social y económicamente exclusivo, erigido como líder del amateurismo. Su misión pasó a ser la de mantener la pureza del fútbol amateur y, al mismo tiempo, preservar el prestigio deportivo de la élite. Para ello, una vez legalizado el profesionalismo, tuvo que redefinir las normas por las que se regía, la mayoría no escritas, y tener muy claro qué es lo que quería defender. El fútbol debía jugarse por placer. Una máxima que no podía sacrificarse por motivos económicos. A partir de ahí, el Corinthian edificó toda una mística que le ha acompañado hasta hoy y que está más relacionada con un insoportable clasismo que con cualquier sentido romántico del fútbol.

---

97  El responsable del revival fue Charles Wreford-Brown, normalmente relacionado con la invención del término soccer como abreviatura de association football. Wreford-Brown fue una de las grandes figuras del Corinthian, donde jugó 161 partidos, y capitaneó a Inglaterra en los 2 partidos en los que la selección estuvo compuesta exclusivamente por jugadores del conjunto amateur: Gales 1-5 Inglaterra (12 de marzo de 1894), e Inglaterra 1-1 Gales (18 de marzo de 1895).

El conjunto de Jackson basó su prestigio en el terreno de juego en los partidos amistosos. Sobre el papel, el Corinthian no era un club ni de competiciones, ni de trofeos, una regla que rompió cuando aceptó participar en la Sheriff of London Charity Shield, si bien es cierto que no se le pudo reprobar demasiado al tratarse de un torneo benéfico. Aunque desde su fundación buena parte de sus oponentes fueron equipos relacionados con las *public schools*, desde 1885 hasta el estallido de la Primera Guerra Mundial disputó 84 partidos contra clubes profesionales. Aquella quizá fuese parte de su misión evangelizadora de enseñar a otros cómo debía jugarse al fútbol, puesto que el Corinthian había llegado a la conclusión de que los *gentlemen* eran los únicos que podían ponerlo en práctica en todo su esplendor. Su estilo, una mezcla del *dribbling* y el juego combinativo, se asentó en el principio inapelable de que el gol era el único objetivo.

La mayoría de equipos amateur eran del mismo pensamiento que el Corinthian. Más o menos radicales, todos estaban de acuerdo en lo esencial de preservar el auténtico espíritu del juego. Fue una de las principales razones de la constitución en 1903 de la Arthur Dunn Cup.

Hijo de un profesor universitario, Arthur Tempest Blakiston Dunn estudió en Eton y Cambridge. Como futbolista destacó sobre todo en el Old Etonians, equipo con el que disputó dos finales de la FA Cup al lado de Arthur Kinnaird[98]. Por supuesto, también jugó en el Corinthian.

Preocupado por el declive del amateurismo y lo que parecía su más que inminente desaparición, Dunn ya había tanteado la opción de establecer una asociación de carácter amateur, al mismo tiempo que planeó una competición co-

---

98  Arthur Dunn participó en la final de 1882 contra el Blackburn Rovers, y las crónicas le otorgan la asistencia a William Anderson para marcar el único gol del partido que le dio el triunfo al Old Etonians. En la final de 1883, el Blackburn Olympic se llevó el título 2-1 en la prórroga. Arthur Dunn se lesionó en la segunda mitad y tuvo que retirarse. Como aún no existían los cambios, el Old Etonians disputó el resto del partido con diez jugadores.

pera dirigida exclusivamente a *old boys* de las instituciones de enseñanza más prestigiosas. No pudo ver ni la creación de la primera, ni el origen de la segunda. Arthur Dunn falleció el 20 de febrero de 1902 y 3 semanas después, 15 instituciones —Bradfield, Brighton, Charterhouse, Eton, Felsted, Forest, Harrow, Lancing, Malvern, Radley, Repton, Rossall, Shrewsbury, Westminster y Winchester— recibieron una invitación para un torneo de copa bajo las reglas de la FA que llevó su nombre[99]. La primera final de la Arthur Dunn Cup se jugó el 28 de marzo de 1903 en el Crystal Palace, entre el Old Carthusians y el Old Salopians. Como el partido finalizó en empate, 2-2, se celebró un *replay* cuatro días después que terminó con el mismo resultado. Los dos equipos decidieron compartir el trofeo.

La creación de una asociación amateur fue cuestión de tiempo. La relación con los profesionales entró en barrena por situaciones tan incómodas como la introducción del penalti (un castigo que no se reconoció en la Arthur Dunn Cup) o la poca mano dura que demostró la Football Association con respecto a los partidos benéficos. Era de sobra conocido que parte de los ingresos que generaban aquellos encuentros iban a parar a los bolsillos de los jugadores, muchos de ellos de los más relevantes de la escena, para aumentar el atractivo del cartel. La gota que colmó el vaso fue la institución de la FA como sociedad limitada.

La ruptura definitiva se consumó cuando en mayo de 1906 se constituyó el Amateur Football Defence Council, tras el acuerdo de 100 clubes pertenecientes al área metropolitana de Londres. La sonoridad de su nombre no cambió cuando se transformó en la Amateur Football Defence Federation.

La sociedad pasó a ser la Amateur Football Association el 7 de julio de 1907, después de que la FA diese el visto bueno en

---

99  Entre las normas propias del torneo se estipuló que todos los partidos debían jugarse en un radio de 25 millas dentro del área de Londres. En 1937 se aumentó a 50 millas.

su asamblea general a la formación de un órgano separado. Todo por el bien del fútbol.

El ambiente entonces ya estaba muy viciado. Arthur Kinnaird llegó a recibir duras acusaciones de "traidor de clase" debido a su silencio. Como presidente de la Football Association, cargo que ostentaba desde 1890, su posición era complicada. No obstante su inmovilismo, se inclinó a preservar la integridad del órgano nacional por encima del espíritu que defendía la recién creada sociedad amateur. Un juego nada sencillo para alguien que al mismo tiempo ejercía de máximo representante de la Arthur Dunn Cup.

La Amateur Football Association, que contó con Richard Everard Webster, Lord Alverstone, como primer mandatario, quizá no supo calibrar con exactitud sus límites. Su débil organización y unos principios cada vez más obsoletos, teniendo en cuenta el devenir de los tiempos, desembocó en problemas. El mayor de ellos, claro, de índole económica. Entrada la década de 1910, muchos de los equipos amateur se encontraban al borde del abismo.

La situación finalizó en una reconciliación con la Football Association en 1914. La Amateur Football Association continuó funcionando con su identidad y su espíritu intactos, pero como afiliada a la FA.

# EPÍLOGO

## LOS HOMBRES QUE LO HICIERON POSIBLE

A comienzos de la década de 1870 hubo una cierta fiebre por las historias de sirenas en la prensa de Nueva York, a raíz de un reportaje sobre uno de aquellos seres mitológicos avistado en Japón.

Un periodista del *Tribune*, que también publicaba para el *New York Times*, decidió vestirse un traje de buzo y peinar la bahía en busca de hermosas mujeres con cola de pez en lugar de piernas. Fue su crónica más increíble hasta entonces. Y la que menos éxito tuvo, claro.

Aquel periodista desarrolló una inaudita habilidad en el arte del disfraz para trabajar de incógnito. Fue vendedor ambulante, minero, artista circense y mendigo viviendo en las zonas más pobres de la ciudad. En una ocasión llegó a hacerse arrestar para investigar desde dentro las condiciones de la prisión federal. Destapó a médicos falsos, pederastas, violadores, espiritistas e incluso un caso de corrupción policial. Ocupó toda su carrera periodística en perseguir el crimen en Nueva York.

Muy poca gente sabía a qué se dedicaba aquel periodista en Londres, la ciudad que abandonó junto a su mujer, Alice Mary Grieve, en 1868. La mayoría oyó decir que coronó el Mont Blanc y que Alice era en realidad su segunda esposa. Poco más.

Comenzó a dejar de lado sus reportajes cuando la tragedia le golpeó sin ningún tipo de compasión. En 1872 perdió a su primer hijo recién nacido. En 1874 Alice dio a luz a otro niño que murió tres meses después. En 1875 murieron sus dos hijas gemelas a los pocos días de nacer.

Aunque siguió publicando ocasionalmente para un par de periódicos, tras la muerte de su mujer en 1881 se retiró a Dakota del Norte. Allí comenzó a trabajar en un libro sobre sus 20 años de periodista en Nueva York. Revisó todas y cada una de sus notas y trabajos. Artículos, crónicas, reportajes, columnas. Y reparó que en todo ese tiempo nunca había escrito sobre fútbol.

El libro nunca llegó a publicarse. El periodista murió el 3 de abril de 1886 a los 50 años, a causa de un fallo renal. Su nombre era Arthur Pember.

************

El Preston North End salió campeón de la Football League 1889-90. La segunda liga de su historia. William Sudell consiguió hacer de los *Lilywhites* el mejor equipo de Inglaterra y en el camino llevó al fútbol al profesionalismo.

Su vida estuvo marcada por el orden y la disciplina, dos virtudes que se resquebrajaron en su etapa final. En 1895 fue acusado de malversación de fondos de la fábrica de algodón en la que trabajaba para pagar a jugadores del club. El fraude le costó tres años de cárcel.

El caso provocó un enorme revuelo en Preston. No era para menos. El Mayor Sudell había llevado al equipo de la ciudad a la gloria, y que un hombre de su entereza y categoría cayese en ese tipo de delito era algo que mucha gente se negaba a creer.

Cuando cumplió la condena decidió marcharse de Inglaterra y emigró a Sudáfrica. En Ciudad del Cabo recondujo su vida y se convirtió en un exitoso periodista deportivo. Sin desdeñar ninguna disciplina, el fútbol llenó sus primeros artículos, aunque fue el rugby el deporte que le dio más alegrías en su nueva etapa.

No sería un período muy largo. William Sudell murió de neumonía el 5 de agosto de 1911.

El Preston North End no ha vuelto a ganar la liga. La hazaña que les valió el apelativo de Invencibles no se repitió hasta 115 años después, cuando el Arsenal de Arsène Wenger levantó como invicto la Premier League en la temporada 2003-04.

************

El cementerio de Norwood estaba repleto de gente. Al funeral acudieron familiares, amigos y personalidades del críquet y el fútbol. La entrada del camposanto se llenó de coronas de flores que llegaron de todos los condados de Inglaterra, en homenaje al hombre que había dedicado toda su vida a la causa del deporte.

Eliza Caroline Ovenden, su viuda, departió largo y tendido con un par de miembros del cortejo fúnebre. Más tarde se acercó Arthur Kinnaird, quien le comentó algunas de las ideas que había tenido su marido sobre repartir algunos de los beneficios de la Football Association a obras de caridad. Poco después, Kinnaird apoyaría firmemente la creación del torneo anual de la Charity Shield.

Su obituario estaba lleno de logros personales y aportaciones. Padre de la FA Cup, torneo del que salió campeón con el Wanderers y cuya final arbitró en dos ocasiones; miembro del comité de la FA, la organización de la que también fue secretario de honor, secretario y vicepresidente; ideólogo del primer partido internacional de la historia del fútbol; secretario del Club de Críquet de Surrey; exitoso periodista y editor hasta el mismo año de su muerte del popular *Anuario del Fútbol,* que comenzó a publicarse en 1868. Toda una vida dedicada al deporte.

Por petición expresa de la familia su lápida tan solo llevaba una simple inscripción. Su nombre, la fecha de su muerte y su edad. Charles William Alcock. Fallecido el 26 de febrero de 1907 a los 64 años.

************

Cuando la Football Association celebró su 50 aniversario en noviembre de 1913, Arthur Kinnaird entregó a Ebenezer Cobb Morley una cigarrera de plata durante la cena que se celebró en el restaurante Holborn de Londres. Eran los dos últimos supervivientes de una casta de pioneros.

Al banquete acudieron representantes de las asociaciones de Argentina, Suecia, Dinamarca, Noruega, Países Bajos, Bélgica y Austria. También hubo algún ilustre invitado como el novelista Arthur Conan Doyle, el padre de Sherlock Holmes y portero del Portsmouth AFC en su juventud. Incluso se recibió un telegrama durante la velada del mismísimo rey Jorge V.

Morley dejó su puesto de presidente de la FA en 1874 y le sustituyó Sir Francis Marindin, uno de los miembros fundadores del Royal Engineers.

Continuó cazando y asistiendo a las regatas de remo, de las que era un gran aficionado. También acudió a partidos de fútbol.

Ebenezer Cobb Morley vivió una vida larga, plena y económicamente holgada. Su actividad como abogado la acompañó de sus inquietudes políticas, y, ya superando los 70 años, sirvió en el Consejo de Surrey y fue nombrado juez de paz.

Quizá sobrevivió a demasiada gente. Recibió la noticia de las muertes de Arthur Pember y William Sudell, asistió al funeral de Charles Alcock, estuvo en la concesión de la medalla póstuma al servicio a William McGregor tras su muerte en 1911 y también enterró a su esposa. El martes 30 de enero de 1923 le notificaron el fallecimiento de Arthur Kinnaird.

El funeral se celebró en la iglesia de St. Martin-in-the-Fields, en Trafalgar Square, y acudió mucha gente relacionada con el mundo del fútbol, la banca, la iglesia y las organizaciones benéficas con las que se involucró Kinnaird. Fue un entierro muy emotivo.

Al día siguiente, la Football Association emitió su propio tributo: "Reunido el Consejo de la FA, se quiere dejar constancia de la consideración y el afecto por nuestro último presidente, el Muy Honorable Lord Kinnaird, y expresar nuestra gratitud por su valioso servicio al fútbol". Los jugadores de todos los equipos lucieron brazaletes negros en señal de respeto en los partidos celebrados ese mismo fin de semana.

Ebenezer Cobb Morley falleció casi dos años después, el 20 de noviembre de 1924 a los 93 años. Su cuerpo se encuentra en el viejo cementerio de Barnes, no muy lejos de Craven Cottage. El lugar se abrió en 1854, pero lleva abandonado desde 1956. Entre las sepulturas donde la vegetación se ha abierto paso y el vandalismo ha hecho de las suyas se encuentra una lápida de mármol gris descuidada durante más de una década. Ahora, la hierba que crece a su alrededor se corta con regularidad y el nombre de la tumba es perfectamente visible.

# BIBLIOGRAFÍA


- Alcock, Charles W. *Football: Our Winter Game* (Field Office, 1874)

- Alcock, Charles W. *Football: The Association Game* (Bell & Sons, 1906)

- Barrett, Michael. "The Scottish Professors and their role in football's first Invencibles", *Nutmeg Magazine* (junio 2017)

- Belmonte, Antonio. "La oficialización del Huelva Recreation Club en 1889: Decano del fútbol español", *Cuadernos de Fútbol, nº 6* (1 de enero de 2010).

- Birley, Derek. *Sport and the Making of Britain* (Manchester University Press, 1993)

- Brennan, Patrick. "The British Ladies Football Club", *Donmouth* (2015)

- Brown, Paul. "Arthur Pember's Code", *Howler* (2016)

- Brown, Paul. *The Victorian Football Miscellany* (Goal-Post, 2013)

- Casado, Eduardo. *Génesis del fútbol. El origen de los grandes clubes* (Libro-fútbol, 2020)

- Collins, Tony. *How Football Began: A Global History of How The World's Football Codes Were Born* (Routledge, 2019)

- Coughlan, Sean. "Henry VIII wore football boots", *BBC News Online* (17 de febrero de 2004).

- Cruz, Toni. "La trágica vida (y muerte) del primer profesional del fútbol: Jimmy Love", *tonicruzprensa.com* (29 de marzo de 2020)

- Curry, Graham; Dunning, Eric. *Association Football: A Study in Figurational Sociology* (Routledge, 2015)

- Curry, Graham. "Playing for money: James J. Lang and emergent soccer profesionalism in Sheffield", *Soccer Society, vol. 5* (2004).

- Devlin, Mike. *Manchester City: The Secret History of a Club That Has No History* (Amberley, 2015)

- Dewhurst, Keith. *Underdogs. The Unlikely Story of Football's First FA Cup Heroes* (Yellow Jersey, 2012)

- Goldblatt, David. *The Ball Is Round. A Global History of Football* (Penguin Books, 2007)

- Goldblatt, David. *Futebol Nation. A Footballing History of Brazil* (Penguin Books,

2014)

- Harvey, Adrian. *Football: The First Hundred Years* (Routledge, 2005)

- "Historia del fútbol argentino, por Juvenal", *El Gráfico* (octubre, 2019)

- Inglis, Simon. *League Football and the Men Who Made It* (Willow, 1998)

- James, Gary. *The Emergence of Football Cultures: Manchester, 1840-1919* (Manchester University Press, 2019)

- Lee, James. *The Lady Footballers: Struggling to Play in Victorian Britain* (Routledge, 2008)

- Martínez, Ramón. "El Relleno, la cuna del foot-ball", *El Faro de Vigo* (17 de febrero de 2019)

- Masià, Vicent. "Los protoclubs", *La futbolteca* (Diciembre de 2012)

- McGowan, Phil. "William Webb Ellis: una revisión del mito", *H: el rugby que se lee* (24 de marzo de 2020).

- Metcalf, Mark. *The Origins of the Football League: The First Season 1888/89* (Amberley, 2013)

- Mitchell, Andy. *Arthur Kinnaird, First Lord of Football* (Andy Mitchell Media, 2011)

- Mitchell, Andy. *First Elevens: The Birth of International Football* (Andy Mitchell Media, 2012)

- Mitchell, Andy. "From Partick with love: the story of Jimmy Love and Fergie Suter, the first profesional footballers", *Scottish Sport History* (2016)

- Mitchel, Andy. "The Partick connection: how a small scottish club opened the door to England", *Scottish Sport History* (2015)

- Mitchell, Andy. "The Men Who Wrote the Laws of Association Foot-ball", *Scottish Sport History* (2014)

- Morris, Terry. *Vain Games of No Value?: A Social History of Association Football in Britain During its First Long Century* (AuthorHouse, 2016)

- Nespereira, Mario. "El fútbol llegó primero a Vigo", *ABC* (16 de diciembre de 2018)

- Paton, Callum. "Gunpowder plots and prefect revolutions", *Daily Mail* (6 de abril de 2015)

- Rodríguez, Salvador. "Vigo, cuna del fútbol español", *El Faro de Vigo* (6 de julio de 2012).

- Roodt, Gerhard. *The DNA Of Rugby Football. A Short History of The Origin of Rugby Football* (Partridge Africa, 2015)

- Sanders, Richard. *Beastly Fury. The Strange Birth of British Football* (Bantam, 2009)

- Sengupta, Somnath. "Sheffield Zulus: Victorian showmen", *In Bed With Maradona* (3 de noviembre de 2015)

- Speight, Richard. "Trinity and the beautiful game", *The Fountain, Trinity College Newsletter* (Nº 7, Otoño 2008).

- Tate, Tim. *Girls With Balls. The Secret History of Women's Football* (Kings Road, 2013)

- Thring, John Charles. "Football, Simple and Universal", *The Field 578* (28 de diciembre de 1861).

- Turner, David. *The Old Boys: The Decline and Rise of the Public School* (Yale University Press, 2015)

- Walvin, James. *The People's Game: The History of Football Revisited* (Random House, 2014)

- Wilson, Jonathan. *Ángeles con caras sucias. La historia definitiva del fútbol argentino* (Córner, 2018)

# SOBRE EL AUTOR

(@AlvaroRam1rez) Álvaro Ramírez nació en Alcázar de San Juan en 1983, es un apasionado de la historia de los orígenes del fútbol y se ha centrado principalmente en la evolución del fútbol británico desde la etapa Victoriana, la heráldica, equipaciones y otros elementos de su cultura deportiva como sus competiciones ya extintas y otros aspectos más contemporáneos como el fenómeno hooligan.

Ha colaborado en medios como Sphera Sports o Bed & Breakfast. Nacido salvaje es su primer libro.